海上絲綢之路基本文獻叢書

西洋番國志
鄭和下西洋考

〔清〕鞏珍 撰/〔法〕伯希和 著 馮承鈞 譯

文物出版社

圖書在版編目（CIP）數據

西洋番國志 /（清）鞏珍撰．鄭和下西洋考 /（法）伯希和著；馮承鈞譯．-- 北京：文物出版社，2022.7
（海上絲綢之路基本文獻叢書）
ISBN 978-7-5010-7661-1

Ⅰ．①西… ②鄭… Ⅱ．①鞏… ②伯… ③馮… Ⅲ．①鄭和下西洋－史料②亞洲－史料－中世紀③非洲－史料－中世紀 Ⅳ．①K248.105

中國版本圖書館 CIP 數據核字（2022）第 097133 號

海上絲綢之路基本文獻叢書

西洋番國志・鄭和下西洋考

撰　　著：〔清〕鞏珍　〔法〕伯希和
策　　劃：盛世博閲（北京）文化有限責任公司

封面設計：鞏榮彪
責任編輯：劉永海
責任印製：王　芳

出版發行：文物出版社
社　　址：北京市東城區東直門内北小街 2 號樓
郵　　編：100007
網　　址：http://www.wenwu.com
經　　銷：新華書店
印　　刷：北京旺都印務有限公司
開　　本：787mm×1092mm　1/16
印　　張：15.75
版　　次：2022 年 7 月第 1 版
印　　次：2022 年 7 月第 1 次印刷
書　　號：ISBN 978-7-5010-7661-1
定　　價：98.00 圓

總緒

海上絲綢之路，一般意義上是指從秦漢至鴉片戰爭前中國與世界進行政治、經濟、文化交流的海上通道，主要分爲經由黄海、東海的海路最終抵達日本列島及朝鮮半島的東海航綫和以徐聞、合浦、廣州、泉州爲起點通往東南亞及印度洋地區的南海航綫。

在中國古代文獻中，最早、最詳細記載『海上絲綢之路』航綫的是東漢班固的《漢書·地理志》，詳細記載了西漢黄門譯長率領應募者入海『齎黄金雜繒而往』之事，書中所出現的地理記載與東南亞地區相關，并與實際的地理狀況基本相符。

東漢後，中國進入魏晉南北朝長達三百多年的分裂割據時期，絲路上的交往也走向低谷。這一時期的絲路交往，以法顯的西行最爲著名。法顯作爲從陸路西行到印度，再由海路回國的第一人，根據親身經歷所寫的《佛國記》（又稱《法顯傳》）一書，詳細介紹了古代中亞和印度、巴基斯坦、斯里蘭卡等地的歷史及風土人情，是瞭解和研究海陸絲綢之路的珍貴歷史資料。

隨着隋唐的統一，中國經濟重心的南移，中國與西方交通以海路爲主，海上絲綢之路進入大發展時期。廣州成爲唐朝最大的海外貿易中心，朝廷設立市舶司，專門管理海外貿易。唐代著名的地理學家賈耽（七三〇～八〇五年）的《皇華四達記》記載了從廣州通往阿拉伯地區的海上交通『廣州通夷道』，詳述了從廣州港出發，經越南、馬來半島、蘇門答臘半島至印度、錫蘭，直至波斯灣沿岸各國的航綫及沿途地區的方位、名稱、島礁、山川、民俗等。譯經大師義净西行求法，將沿途見聞寫成著作《大唐西域求法高僧傳》，詳細記載了海上絲綢之路的發展變化，是我們瞭解絲綢之路不可多得的第一手資料。

宋代的造船技術和航海技術顯著提高，指南針廣泛應用於航海，中國商船的遠航能力大大提升。北宋徐兢的《宣和奉使高麗圖經》詳細記述了船舶製造、海洋地理和往來航綫，是研究宋代海外交通史、中朝友好關係史、中朝經濟文化交流史的重要文獻。南宋趙汝適《諸蕃志》記載，南海有五十三個國家和地區與南宋通商貿易，形成了通往日本、高麗、東南亞、印度、波斯、阿拉伯等地的『海上絲綢之路』。宋代爲了加强商貿往來，於北宋神宗元豐三年（一〇八〇年）頒佈了中國歷史上第一部海洋貿易管理條例《廣州市舶條法》，并稱爲宋代貿易管理的制度範本。

元朝在經濟上採用重商主義政策，鼓勵海外貿易，中國與歐洲的聯繫與交往非常頻繁，其中馬可·波羅、伊本·白圖泰等歐洲旅行家來到中國，留下了大量的旅行記，記録元代海上絲綢之路的盛況。元代的汪大淵兩次出海，撰寫出《島夷志略》一書，記録了二百多個國名和地名，其中不少首次見於中國著録，涉及的地理範圍東至菲律賓群島，西至非洲。這些都反映了元朝時中西經濟文化交流的豐富内容。

明、清政府先後多次實施海禁政策，海上絲綢之路的貿易逐漸衰落。但是從明永樂三年至明宣德八年的二十八年裏，鄭和率船隊七下西洋，先後到達的國家多達三十多個，在進行經貿交流的同時，也極大地促進了中外文化的交流，這些都詳見於《西洋蕃國志》《星槎勝覽》《瀛涯勝覽》等典籍中。

關於海上絲綢之路的文獻記述，除上述官員、學者、求法或傳教高僧以及旅行者的著作外，自《漢書》之後，歷代正史大都列有《地理志》《四夷傳》《西域傳》《外國傳》《蠻夷傳》《屬國傳》等篇章，加上唐宋以來衆多的典制類文獻、地方史志文獻，集中反映了歷代王朝對於周邊部族、政權以及西方世界的認識，都是關於海上絲綢之路的原始史料性文獻。

海上絲綢之路概念的形成，經歷了一個演變的過程。十九世紀七十年代德國地理學家費迪南・馮・李希霍芬（Ferdinad Von Richthofen，一八三三～一九〇五），在其《中國：親身旅行和研究成果》第三卷中首次把輸出中國絲綢的東西陸路稱爲『絲綢之路』。有『歐洲漢學泰斗』之稱的法國漢學家沙畹（Édouard Chavannes，一八六五～一九一八），在其一九〇三年著作的《西突厥史料》中提出『絲路有海陸兩道』，蘊涵了海上絲綢之路最初提法。迄今發現最早正式提出『海上絲綢之路』一詞的是日本考古學家三杉隆敏，他在一九六七年出版《中國瓷器之旅：探索海上的絲綢之路》中首次使用『海上絲綢之路』一詞；一九七九年三杉隆敏又出版了《海上絲綢之路》一書，其立意和出發點局限在東西方之間的陶瓷貿易與交流史。

二十世紀八十年代以來，在海外交通史研究中，『海上絲綢之路』一詞逐漸成爲中外學術界廣泛接受的概念。根據姚楠等人研究，饒宗頤先生是華人中最早提出『海上絲綢之路』的人，他的《海道之絲路與昆侖舶》正式提出『海上絲路』的稱謂。選堂先生評價海上絲綢之路是外交、貿易和文化交流作用的通道。此後，大陸學者馮蔚然在一九七八年編寫的《航運史話》中，使用『海上絲綢之路』一詞，這是迄今學界查到的中國大陸最早使用『海上絲綢之路』的人，更多地限於航海活動領域的考察。一九八〇年北京大學陳炎教授提出『海上絲綢之路』研究，并於一九八一年發表《略論海上絲綢之路》一文。他對海上絲綢之路的理解超越以往，且帶有濃厚的愛國主義思想。陳炎教授之後，從事研究海上絲綢之路的學者越來越多，尤其沿海港口城市向聯合國申請海上絲綢之路非物質文化遺產活動，將海上絲綢之路研究推向新高潮。另外，國家把建設『絲綢之路經濟帶』和『二十一世紀海上絲綢之路』作爲對外發展方針，將這一學術課題提升爲國家願景的高度，使海上絲綢之路形成超越學術進入政經層面的熱潮。

與海上絲綢之路學的萬千氣象相對應，海上絲綢之路文獻的整理工作仍顯滯後，遠遠跟不上突飛猛進的研究進展。二〇一八年厦門大學、中山大學等單位聯合發起『海上絲綢之路文獻集成』專案，尚在醞釀當中。我們不揣淺陋，深入調查，廣泛搜集，將有關海上絲綢之路的原始史料文獻和研究文獻，分爲風俗物産、雜史筆記、海防海事、典章檔案等六個類别，彙編成《海上絲綢之路歷史文化叢書》，於二〇二〇年影印出版。此輯面市以來，深受各大圖書館及相關研究者好評。爲讓更多的讀者親近古籍文獻，我們遴選出前編中的菁華，彙編成《海上絲綢之路基本文獻叢書》，以單行本影印出版，以饗讀者，以期爲讀者展現出一幅幅中外經濟文化交流的精美畫卷，爲海上絲綢之路的研究提供歷史借鑒，爲『二十一世紀海上絲綢之路』倡議構想的實踐做好歷史的詮釋和注脚，從而達到『以史爲鑒』『古爲今用』的目的。

凡例

一、本編注重史料的珍稀性，從《海上絲綢之路歷史文化叢書》中遴選出菁華，擬出版百册單行本。

二、本編所選之文獻，其編纂的年代下限至一九四九年。

三、本編排序無嚴格定式，所選之文獻篇幅以二百餘頁爲宜，以便讀者閱讀使用。

四、本編所選文獻，每種前皆注明版本、著者。

五、本編文獻皆爲影印，原始文本掃描之後經過修復處理，仍存原式，少數文獻由於原始底本欠佳，略有模糊之處，不影響閱讀使用。

六、本編原始底本非一時一地之出版物，原書裝幀、開本多有不同，本書彙編之後，統一爲十六開右翻本。

目録

西洋番國志

西洋番國志

〔明〕鞏珍 撰

清彭氏知聖道齋抄本

勑太監楊慶等往西洋忽魯謨廝等國公幹合用各色紵絲紗
錦等物并給賜各番王人等紵絲等件勑至即令各該衙門照
依原定數目支給仍令各門官仔細點檢放出毋得纖毫透漏
故勑
永樂十八年十二月初十日
勑內官鄭和孔和卜花唐觀保今遣內官洪保等送各番國使
臣回還合用賞賜并帶去銀兩段疋銅錢等件勑至即依(照)坐
去數目關給與之其官軍原關粮賞買到麝香等物仍照依人
數關給該用軍器等項并隨舡合用油麻等物令各該庫分衙
門逐一如原料數目關支就令太監鄭和眼同打發就撥少舡工

二隻與之裝載前去仍發落各門官仔細點檢放出不許纖毫
夾帶透漏故勅
一下西洋去的內官合用鹽醬茶酒油燭等件照人數依
例關支
永樂十九年十月十六日
勅南京守備太監楊慶羅智唐觀大使袁誠今命太監鄭和等
往西洋忽魯謨斯等國公幹大小舡六十一隻該關領原交南
京入庫各衙門一應正錢粮并賞賜番王頭目人等綵幣等物
及原阿丹等六國進貢方物給賜價鈔買到紵絲等件并原下
西洋官員買到磁器鐵鍋人情物件及隨舡合用軍火器紙劄

油燭柴炭并内官内使年例　酒油燭等物敕至爾等即照數放
支與太監鄭和王景弘李興朱良楊真右少監洪保等關領前
去應用不許稽緩故敕
宣德五年五月初四日

西洋番國誌

伏以皇天開泰運聖祖御明時創業建基垂法範世成功儷美
於唐虞茂德丕隆於湯武欽惟太宗文皇帝繼聖守成代天理
物聲教洋溢乎四海仁化溥洽於萬方制作謀謨騰今邁古永
樂之初敕遣中外重臣循西海諸國開示恩威攬往聖之鴻規
著當代之盛典輿圖開拓萬善咸臻未有至於此也宣宗章皇

帝嗣登大寶普賚天下乃命正使太監鄭和王景弘等兼督武
臣統率官兵數萬乘駕寳舟百艘前往海外開詔頒賞徧諭諸
番時愚年甫出幼備數部伍拔擢從事于總制之幕往還三年
經濟大海綿邈瀰茫水天連接四望迥然絶無纖翳之隱蔽惟
觀日月升墜以辨西東星斗高低度量遠近皆斵木為盤書刻
干支之字浮針於水指向行舟經月累旬晝夜不止海中之山
嶼形狀非一但見於前或在左右視為準則轉向而往要在
更數起止記算無差必達其所始則預行福建廣浙選取駕船
民梢中有經慣下海者稱為火長用作船師乃以針經圖式付
與領執專一料理事大責重豈容怠忽其所乘之寳舟體勢巍

然巨無與敵蓬帆猫舵非二三百人莫能舉動趨事人衆紛匝往來豈暇停憩鈌其食飲則勞困弗勝況海水滷醎不可入口皆於附近川澤及濱海港汊汲取淡水水船載運積貯倉艙以備用度斯乃至急之務不可暫弛至於當洋正行之際烈風陡起怒濤如山危險至極舟人驚駭倉忙無措仰賴神靈顯然臨庇寧帖無虞所至番邦二十餘處人物妍媸不同居止潔穢等別氣候常如春夏秋霜冬雪皆無土產風俗各不相類其所齎恩須諭賜之物至則番王酋長相率拜迎奉領而去舉國之人奔趨欣躍不勝感戴事竣各具方物及異獸珍禽等件遣使領齎附隨寶舟赴京朝貢是皆皇恩霶霈德化溥敷致遠人之歸

服也顧愚菲陋庸材叨從使節涉歷遐方觀斯勝槩誠爲千載之奇遇凡所紀各國之事蹟或目及耳聞或在處詢訪漢言番語悉憑通事轉譯而得記錄無遺中有往古流俗希詭變態詭怪異端而可疑或傳譯舛訛而未的者莫能詳究其注意措辭直俗之語不別更飾惟依原記錄者序集成編存傳於後尚覬將來出使之曉達者增損而正之時大明宣德九年歲在甲寅孟春之月吉旦養素生金陵鞏珍寫金臺之館舍謹誌

諸番國名

占城國　一　爪哇國　二　暹羅國　四

舊港國　三　啞魯國小邦　六　滿剌加國　五

西洋番國誌

占城國即釋典所謂王舍城也在廣東大海之南自福建長樂縣五虎門開船往西南行好風十日可至其國南連真臘西接交趾之後東北俱大海國之東北百里有海口名新港岸上有一石塔諸處船望見塔即收港港口有寨番名設北奈寨內番

人五十家有二頭目主之西南百里即王城番名曰佔其城以
石壘開四門各有守者國王鎖里人崇信釋教頭以金為冠䤸
三山玲瓏花其狀與中國襍戲中粧扮者所戴冠同身衣五色
長衣以細花布為之下圍色絲手巾王跣足出入騎象或以二
黃牛駕小車而行其頭目所戴冠用其土所產茭蔁葉為之其
制度亦如王者但以金飾彩各分品級高下所服衣衫長不過
膝下圍各色布手巾王居屋宇高大上蓋長條細瓦四圍墻垣
皆用塼灰其門以堅木刻獸形為飾民居房屋俱覆以茅其簷
不許過三尺過三尺者罪之服色皆用紫玄黃亦不禁王乃服
白餘服白者罪死國人男子鬔頭婦人撮髻腦後體皃俱黑上

衣短袖衫下圍色布手巾俱赤脚氣候常煖如中國四五月時無霜雪草木長青產茄藍香降真香觀音竹烏木其木甚黑潤絕勝他國所出者茄藍香惟此國有一大山產他國俱無價與銀等觀音竹如細藤棍色黑長一丈七八尺每寸有三二節他國俱無所生犀象其牙角甚廣犀牛如水牛形一角生鼻梁中蹄有三路身黑無毛皮麁厚紋如鱗甲縣重七八百斤食刺樹刺葉及指大乾木有牛馬猪羊其馬僅大如驢鵝鴨少雞至小脚僅高寸半或二寸雄雞則紅冠白耳亞腰竅尾人執手中猶啼甚可愛也果有梅橘西瓜甘蔗芭蕉椰子波羅蜜狀如冬瓜紋如荔枝其中有肉類如雞子大色黄味甘如蜜間內有子大

如中國刀豆子炒食如栗蔬菜則冬瓜黄瓜葫蘆芥菜葱姜而
已其餘果菜俱無人多漁少耕種所以稻穀不廣土種米粒細
長多紅者大小麥俱無日食檳榔扶蔞葉蠣名老不絶口婚姻男
子先至女家成親過十日或半月男家父母及諸親友以鼓樂
迎回飲酒作樂其酒以藥和飯封甕中候熟但飲時先數主客
人數多少以長節竹筒插入甕中人皆圍坐輪次而起扶筒咂
飲乾再增水味盡方止書寫無紙筆搥羊皮合令薄或槢樹皮以
白粉書之國刑得罪輕者以藤條杖脊重者截鼻為盗者斷手
男女犯姦者烙面甚者以木為杠行放水中上立一竪木削尖
令罪人坐尖上木自口出而死就流水上示衆歳月無閏但以

十二月為一年晝夜分十更擊鼓以記之其王用年節生人膽調水沐浴各處頭目採取進納以為貢獻之禮王居位三十年令別弟兄子姪權國事自往深山持齋受戒對天誓曰我在先為王若無道願虎狼食我或即病死若一年不死則復為王人皆呼為昔嚟馬哈剌扎盖至尊至聖之稱也其國中有人家婦人呼名尸只于者惟以目無瞳人為異夜寢時頭能飛去食人家小兒糞尖則妖氣入兒腹必死其頭復回本體相合如舊曾有人能以婦人之體移置他處其婦亦死但知人家有此妖異不報官者罪及合家又有一大潭通海其中有鰐魚國人有告爭訟難明官不能決者則令各騎水牛過潭鰐魚見理曲者輒

出食之其理直者雖過十餘次無事最為異也海邊有野水牛甚很惡可畏其牛原是人家耕牛因逸去他處生養成群但遇青衣之人相近輒群逐来抵觸而死人皆避之國俗最忌人觸其胸懷或有犯者恨而陰謀殺之其買賣交易惟以七成色淡金使用所喜者中國青磁盤碗等器及紵絲綾絹硝子珠等物皆執金来轉易而去國王歲採方物犀角象牙茄藍等香赴中國進貢

爪哇國古名闍婆國也其國有四處一曰杜板一曰新村一曰蘇魯馬益一曰淌者伯夷俱無城郭寶舡到彼皆於海中也方海中駐泊官軍人等惟駕三板舡於各處来往其他國有舡来

者先至杜板後至新村次至蘇魯馬益次至滿者伯夷其滿者伯夷之王居處以磚為墻高三丈餘週圍約二百餘步內其屋如架樓約高三四尺餘間以板鋪閣加細藤簟或花席於其上人皆盤膝而坐上用堅木為板交搭蓋覆以下國人居屋皆用茅蓋亦以磚砌土庫高三四尺家私物件盡藏庫內居止坐卧俱在於上其國王髼頭跣足頭戴金葉花冠身無衣袍腰以下圍緣嵌手巾出入坐牛車或騎象國人男子髼頭婦人椎髻上不著衣下圍手巾其手巾比世用者倍闊名曰打布男女皆從腰下臍上圍起至於面臍下掩閉却以挾布巾一條繫於打布上面名為壓腰所食檳榔蒟葉就于壓腰巾內包裹腹前行走

坐卧嚼咂不心惟睡着時不食其檳榔椰子類同茶飯不可稍缺國人之性專以强梁競其勝負但是男子隨身皆有刀一把僅長一尺有餘刻木作套裝護其刃貼肉插于腰間怒欲刺人隨手舉執兇惡可懼其刀名卜刺頭俱以兔兒雪花鑌鐵為之兩刃尖利之甚短靶用木作人形鬼面細巧堪愛最忌人弄小兒摸其頭伊父見知務必追執以刀刺殺尋常往来但與争鬥抵觸者即拔腰間所插之刀刺死其人彼即脫走過三日後即不償命或其時就執之者隨亦戮死不論凡在市賣物皆是婦人與之交易近傍之間因彼裸躰其乳被人捫弄惟對笑而已其夫雖見佯若不知國無鞭笞之刑但犯罪不拘輕重皆用藤

縛兩臂拘攤而去則以卜剌頭刀剌腰及脇即死國之風土無日不殺人甚可畏也中國銅錢通使杜板番名賭班此地約千餘家中國廣東及漳州人多逃居于此以二頭目為主其海灘上有小池甘淡可飲傳說元朝命將史弼高興伐闍婆經月阻風不得登岸軍士渴欲死二將仰天祝曰奉命伐蠻天若與之則泉生乃以鎗斵地泉隨湧起至今呼為聖水云其地雞羊魚菜賤杜板向東行半日許至新村番名革兒此地原為枯灘因中國人逃來遂名新村至今村主廣東人也約千餘家各處番舡皆聚此出賣金寶石及一應諸番貨居人甚殷富新村向南行日許到蘇魯馬益港口水淡沙淺大舡難進用小船行二十

餘里到蘇魯馬益番名蘇兒把牙亦有村主管番人千餘家門
亦有中國人其港口有一洲林木森森上有長尾猴萬數中有
黑色老雄猴為主有一老番婦人隨其側國人婦女無子者皆
備酒飯果餅往禱老猴喜則先食其物衆猴争食其餘食盡隨
有公母二猴近前交感此婦回即有孕否則無也可怪哉於蘇
魯馬益小舡行八十里到埠頭名漳沽登岸向西南行半日到
滿者伯夷則王居處也其處有番人二三百家頭目七八人輔
王天氣長熱如夏田稻一年二熟米粒細白芝蔴菉荳皆有惟
無大小麥土產蘇木金剛子白檀香肉荳蔻蓽茇班猫鑌鐵龜
筒玳瑁鸚鵡大如母雞及紅綠鶯哥五色鶯哥鷯哥皆能效人

言語珎珠雞倒掛鳥孔雀鳥檳榔雀綠班鳩之類又有白鹿白猿白猴等獸其牲畜則有猪羊牛馬惟無驢及鵝果有芭蕉椰子甘蔗石榴蓮房西瓜郎扱果莽吉柿之類莽吉柿狀如石榴匾形紫色皮厚內有白肉四塊甘酸可食郎扱狀如枇杷而大內有白肉三塊亦酸甘可食甘蔗長二三大皮白其餘瓜茄菜蔬皆有惟無桃李國人坐臥無床櫈飲食無匙筯飯用盤盛沃以酥汁手撮而食凡魚蝦蛇蚓蛆虫等物以火燎過即喫之或有聚飲者列坐於地酒乃茭蔁椰子所釀盛于瓦罈以旋採樹葉蔑簽作盞杓一人傍執杏酒傳遞到手即飲之擲於地以伺再傳淋漓不顧其過酒之物蝦魚蛆虫蔬菜亦以蔑簽盤樣飣

擺于地人各一分盡醉而其國人有三等皆西番回回人國作商賈流落於此日用飲酒清潔一等唐人皆中國廣東及福建漳泉州下海者逃居於此日用食物亦潔淨皆投禮回回教門一等土人形兒醜黑猱頭赤脚崇信鬼教佛書所謂鬼國即此地也其人飲食穢惡蛇蟻虫蚓食喫無忌家畜之犬與人共食夜則同寢恬不為怪人云昔有鬼子魔王青面紺髮紅身與一象合生子百餘常啖食人忽震雷裂石中有一人衆立為王盡降於象而不為害土人乃其遺種至今尚有强狠之習每歲以十月為春酋有竹鎗會王與其妻各乘塔車塔車高丈餘四面有牕下有轉軸以馬駕之王後妻前同至會所兩邊擺列隊伍

各執竹鎗其竹實心不施鐵刃但削尖用火焠其鋒相持對敵男子各帶妻拏隨行其妻拏亦各執木棍長三尺許在於敵場聽皷聲緩急男子交鎗既三合各妻就以手執木棍格之呼曰那刺那刺則皆退散或甲與乙敵傷死王就中令甲出金錢一枚與乙家其妻隨甲去以此較勝負為戲其婚姻則男先至女家成親三日後乃迎回男家擊銅皷銅鑼吹椰笛及打竹筒皷并放火銃前後短刀團牌圍繞其婦則披髮裸體跣足腰圍絲嵌手巾項佩金珠聯絡之飾臂帶金銀寶鐲其親友鄰里俱以檳榔荖葉線綴草花之類裝挿綵舡而送之以為賀禮其喪葬父母將死則問父後欲犬食欲火化或欲棄水中隨父母所願欲

而行之若欲犬食則舁屍至海濱或野外有犬十數來食其肉盡為好食不盡子女皆悲號哭泣棄其餘水中而歸又富翁及貴人將死有所愛婢妾輒與誓曰死則同往及死出殯積柴薪焚主翁屍及火焰盛所愛妾二三人皆戴草花披五色花手巾登跳號哭遂投火中同主屍燒化以為送葬之禮國人多富買賣俱用中國銅錢歷代書記亦有字與鎖俚相類以麦葉茶用刀刻畫亦有文法語甚美軟其衡法每斤二十兩每兩十六錢每錢四姑邦每姑邦該中國秤二錢一厘八毫七絲五忽每錢該官秤一兩四錢每斤該官秤二十八兩量法截竹為升名曰姑刺該中國一升八合以八升為斗名曰榛黎該中國一斗四

升四合每月十五六夜月色好則番婦集二十人或三十人於月下聯臂徐行一婦為首先唱番歌一句衆皆應聲齊和過親戚及富貴家皆贈以銅錢等物名為步行樂又有一等人雜畫人物鳥獸蟲魚如中國所為手卷狀以二木高三尺為畫桿止齊一頭其人盤膝坐地以圖畫立地上展出一段則朝前用番語高說此段來歷衆人環坐而聽之或笑或哭如中國說平話然國人最喜青花磁器并麝香花絹紵絲硝子珠等貨國王常採方物遣使進貢中國

舊港國即三佛齊國也番名佛林邦受爪哇節制其國東即接爪哇西抵滿剌加國南距山北枕海諸處舡來先淡水港入彭

家門繫舡岸邊名石塔易小舡入港乃至其國國多廣東福建漳泉人地土肥美諺謂一季種穀三季收稻正此處也其處水多地少人多習水戰頭目皆岸上造屋以居其餘民庶俱於水上編竹為筏葺葉作房居之筏用樁纜隨水長落欲遷居則連筏移去不勞搬徙亦甚便港中朝暮二次暗潮國甚富饒其風俗婚姻死葬語言皆與爪哇同洪武初廣東人陳祖義等挈家逃竄于此後祖義充頭目橫甚往往刧奪客舡財物有施進卿者亦廣東人永樂五年奉朝命往西洋寳舡過此施進卿來執擒祖義等送京斬之朝廷命進卿為大頭目以主其地進卿死位不傳子其女二姐為主賞罰黜陟悉聽裁制土產金銀香黃

速香降真香沉香鶴頂黃蠟之類其金銀香如中國銀匠所用黑膠中有白塊如蠟白多黑少者為上黑多白少者次之此香氣烈觸鼻薰腦西番并鎖俚人甚愛之其鶴頂之鳥大如鴨形黑毛頸尖嘴腦骨厚寸餘外紅內黃如蠟嬌潤可愛其嘴之尖極紅但作腰帶鉤環鋸解腦骨作坯却剖取嘴尖之紅貼為花様以燒熱鐵板鉗合成塊任意製造亦可作刀靶擠機之類又產火雞神鹿其火雞大如鶴圓身長頸尖嘴高脚頸比鶴長有軟冠二片如紅絹子生於頸中脚如鐵黑能爪人破腹出腸或以杖之卒莫能死食烘炭因名火雞神鹿大如巨豕高三尺許前半截黑後半截白毛色可愛蹄與喙皆如豕蹄有三跲而喙

不尖食草木不茹腥穢其他牛羊豬犬雞鴨蔬菜果皆與爪哇
同人喜博戲如奕棊把龜鬭雞皆賭財物行市交易用中國銅
錢并布帛之類其王亦採方物赴中國進貢

暹羅國自占城開舡向西南行順風七晝夜至新門臺海口入
港方到其國地週千里外山崎嶮內地卑濕其土瘠氣候不正
或寒或熱王居屋頗華麗整潔民庶房屋如樓上用檳榔木硬
木劈如竹片密鋪用藤扎縛甚堅上鋪藤席竹簟坐臥食處皆
在其上王者用白麻布纏頭上不着衣下圍絲嵌布手巾加以錦
綺壓腰出入騎象或乘轎一人執傘盖傘以茭蔁葉製造甚好
以金飾柄其王鎖俚人崇信釋教國中為僧尼極多僧尼服色

與中國頗同亦往菴觀受戒持齋國王謀議刑罰下民買賣交易一應鉅細事皆決於妻其婦人才識亦果勝於男子若其妻與中國男子情好則喜曰我妻有美能悅中國人即待以酒飯或與同坐寢不為恠男子椰髻用白布纏頭身衣長衫婦人亦椎髻衣長衫凡男子年二十餘隨貴賤以金銀為珠嵌飾陽物女子嫁則請僧迎男至女家僧取女紅為利市點男女額然後成親亦甚可笑過三日又請僧及諸親友分檳榔彩舡等物迎婦男家置酒作樂死喪之禮富貴者死則用水銀灌腹中而葬之其餘則舁屍至海濱有鳥大如鵝其色如黃金凡三五十自空飛下食其肉而去餘骸棄海中名曰鳥葬亦請僧誦經禮佛

去國西北二十餘里有市鎮名上水可通雲南後門番人五六百家但有諸色番貨皆出賣紅馬厮肯的石此石在紅鴉鶻石肩下明淨如榴子中國寶船到亦遣小船到上水買賣其國土產黃連香羅斛香沉香降香花梨木白荳蔲大風子血結藤結蘇木花錫象牙翠毛等物其蘇木賤如柴薪且顏色絕紅勝他國所出者又產白象白鼠獅猫等異獸其蔬果與占城同牛羊鷄鴨俱有酒有米酒椰子酒俱燒賣國語似廣東鄉音民俗囂淫好習水戰常討伐諸邦交易以海𧵊當錢使王遣常備口降眞香等物進貢

滿剌加國自占城開船向西南行好風八日到牙門入門西行

二日可到此處舊名五嶼無國王只有地主受暹羅節制歲輸
金四十兩否則加兵永樂七年己丑歲欽奉上命遣使往諭諸
番到於本處宣布詔旨特恩賜其地主以雙臺銀印冠帶袍服
主國封王建城豎碑遂與諸番為敵體而暹羅莫敢侵犯其地
東南是海西北是老岸連山大槩沙滷之地田瘦穀薄氣候朝
熱暮寒有一大溪[illegible]紅王居前過[illegible]入海王於溪上建立木橋
橋上造亭二十餘間諸貨買賣皆集於此王及國人皆從回回
教門王用細白番布纏頭身衣細花布如袍長足以皮為鞋出
入乘轎國人男子方帕包頭女撮髻腦後身體微黑下圍白布
并各色手巾上衣色布短衫風俗淳朴居屋如樓各有層次每

高四尺許即以椰木劈片藤扎縛如羊棚狀連牀就榻盤膝而坐廚竈亦在其上人多以漁為業用獨木刳舟泛海取魚少耕種土產黃連香打麻兒香烏木花錫之類打麻兒香乃一種樹脂流入于土掘出如瀝青可以點燈及塗舡不漏土人多採取賣之他國亦販去間有明淨土如金珀番名損都盧廝或碾成帽珠而賣所謂水珀是也花錫有二山場出產王令頭目主之遣人淘鑄成塊如斗狀輸官每塊官秤重一斤八兩或一斤四兩者每十塊用藤縛一把四十塊為一大把通市交易皆以此物國語并書記及婚喪之禮頗與爪哇同山野有樹名沙孤鄉人取其皮搗浸澄濾成粉丸緑豆大晒乾名沙孤米賣與人做

飯洲渚邊有木草名茭蔁葉長如刀茅厚如笋殼柔軟堅韌結子皮殼如荔枝實如雞子土人取其子釀酒飲之能醉人或取其葉織成細簟闊二尺長丈餘出賣果有甘蔗芭蕉波羅蜜野荔枝之類蔬有葱蒜姜芥東瓜西瓜牲畜有牛羊雞鴨不廣其價亦貴水牛一頭賣銀一斤以上驢馬俱無近海有龜龍傷人龜龍高三四尺鱗甲被身如刺龍頭棘牙遇人則齒出黑虎似虎而小毛黑有暗紋亦有黃虎其虎能變幻入市中混人而行有識者即擒之其性與占城屍頭蠻同屍頭此處亦有之中國下西洋舡以此為外府立擺柵墻垣設西門更鼓樓內石立重城蓋造庫藏完備大䑸寶舡已往占城爪哇等國并先䑸還羅

等國回還舡隻俱于此國海濱駐泊一應錢粮皆入庫內口貯各舡併聚又分䑸次前往諸番買賣以後忽魯謨厮等各國事畢回時其小邦去而回者先後遲早不過五七日俱各到齊將各國諸色錢粮通行打點裝封倉䑸停候五月中風信已順結䑸回還其國既受皇恩深重其年乃携妻子赴闕謝恩又賜造完大舡令其乘駕歸國守土自前至今歲方物不缺進貢

啞魯國小邦也自滿剌加國開舡好風行四晝夜可到其國有淡水港先入港然後到國南是大山北大海西連蘇門答剌國界東有平地種收早稲粮食不缺王及國人皆回回人民以耕漁為業風俗淳朴國婚喪等事皆與爪哇滿剌加國相同貨物

稀少土產黄速香金銀香之類及山林中出飛虎大如猫皮毛灰色有肉翅生連前後足如蝙蝠狀能飛不遠此物不服家食獲即死出綿布番名考泥并米穀牛羊甚廣雞鴨亦多乳酪多有賣者

蘇門答剌國即古須文達那國也其國乃西洋總路頭舡自滿剌加國向西南行好風五晝夜先到海濱一村番名荅魯蠻泊舡往東南行十餘里即王國其國無城郭有一大溪通海每日二潮其海口浪大常覆舡本國南去百里乃大深山北臨大海東亦大山至阿魯國界正西邊海其地有二小國相連先至那孤兒界次至黎代界先是蘇門達剌國王被那孤兒王侵掠中

藥箭死其子幼小不能復讐王妻下令曰有能復夫讐保全此土者吾願與爲妻共主國事有一漁翁奮前曰我能克之遂殺敗那孤兒王其衆退伏不敢動王妻遂嫁漁翁稱爲老國王政事地賦悉聽老王裁制永樂七年老王入貢中國十年還國前王子長成陰與部屬合謀殺老王而取其國老王子蘇幹剌挈家逃入山立寨以居時率衆復父讐永樂十三年太監正使等到爲發兵擒獲蘇幹剌送京王子位始固以此感恩義常貢方物其國四時氣候不齊朝熱如夏暮寒若秋五七月間亦有瘴氣田土不廣惟種旱稻一年二熟大小麥俱無土產硫磺其出硫磺處草木不生土石皆焦黃山居人多置園種胡椒比椒蔓生

花黄白結子成穗嫩青老紅候半老時採擇晒乾賣之凡椒粒虛大者此處椒也每官秤一百斤賣金錢八箇直銀一兩果有芭蕉甘蔗莽吉柿波羅蜜之類又有一種臭菓番名都尔烏狀如雞頭長八九寸皮生尖刺及熟有瓣裂開氣如臭牛肉內有肉十四五塊大如栗其白如酥甜美可食肉中有子炒食如栗柑橘甚多四時皆有狀與洞庭獅柑綠橘同其味不酸可以久留不腐又一種酸子番名俺拔大如消梨而長色綠氣香削皮而食之酸甜有核大如雞子桃李等果俱無蔬有葱蒜薑芥冬瓜至廣亦可以久留不腐西瓜綠皮紅子有長一二尺者人家多畜黄牛乳酪多羊皆黑無白者雞無綠者其大者重六七斤

煮易爛味美鴨有五六斤者其掌褊大人家亦養蠶繅絲不能
治綿其國風淳厚語言衣服婚喪等事皆與滿剌加國相同其
民居屋如樓上不鋪板但以椰子或檳榔木劈成條片以藤扎
縛即鋪藤簟就上居處高處亦布欄柵此處是總路頭所以番
舡多經物貨皆有王以七成淡金鑄錢名底那兒圓徑官寸五
分底面有紋官秤重三分五厘國中使用買賣皆則用錫錢
那孤兒小邦也在蘇門荅剌國西北方不廣只一大山村人民
千餘家其地與蘇門荅剌國相連凡其人皆於面刺三尖青花
為號所以其王又呼為花面王田少人多以陸種為生米穀稀
少猪羊雞鴨皆有語言動用皆與蘇門荅剌國相同無他出產

黎代亦小邦也又在那孤之西其地南距大山北臨大海西連南浡里國界國人一二千家自推一人為主以主國事受蘇門答剌國節制語言服用亦與蘇門答剌國相同土無所出只出野犀牛王亦遣人採捕隨蘇門答剌國進貢

南浡里國自蘇門答剌國正西依山行好風三晝夜可到其國邊海人民只有千餘家皆回回人甚朴實地方東接黎代王界西北皆臨大海南距大山山南又大海王亦回回人王居屋用木木高三四丈如樓起造樓下縱牛羊牲畜往來樓上四面用板裝脩甚潔淨坐臥食處皆在其上庶民居屋與蘇門答剌國同其處黃牛水牛山羊雞鴨皆有魚蝦賤蔬菜稀少米穀貴銅

錢使用山産降真香至好俗呼蓮花降并出犀牛國之西北海中有一大平頂高山名帽山半日可到山西大海即西洋也番名那沒嗏洋凡西洋過來舡俱収此山為准其山邊約二丈許有海樹主淺水中名曰珊瑚其樹大者高二三尺根如拇指大其黑如墨其潤如玉梢上極枝娑娑可愛土人以為寶或碾成珠及器物賣之帽山脚下亦有居人二三十家皆自稱為王若問其姓名則曰阿孤剌楂蓋云我便是王也或問其次亦曰阿孤剌楂可笑也屬南浡里國其南浡里國王嘗親齎土産珎異隨寶舡朝貢中國

錫蘭國自南浡里帽山放洋好東北風三日見翠藍山三四座

惟一山最高大番名梭篤蠻山此處人皆巢居穴處男女赤體如禽獸然無寸衣着膚相傳昔釋迦佛過海於此登岸入水澡浴土人偷佛衣而藏之佛咒土人故至今皆赤體謂寸布着身即身爛此謂裸形國也其土不產米穀人惟食山芋波羅蜜芭蕉子之類或海中捕蝦魚而食之過此正西舡行七八日見鶯哥嘴山又三兩日見佛堂山始到錫蘭國馬頭番名別羅里泊舡登岸海邊山脚石上有足跡長二尺許云是釋迦佛自翠蘭山來就此登岸足跡存焉中有淺水不乾人就蘸水洗面目其左有佛寺佛之涅槃處寺內佛卧尚存寢座皆用諸寶石嵌沉香木為之極華麗及有佛牙并活舍利子等物在堂北去四五

知聖道齋

十里始到王居王亦鎖里人崇信佛教敬衆及牛人以牛糞燒灰塗身人不敢食牛而食其乳牛死即埋之若殺宰牛者其罪死或納牛頭金以贖其罪王之所居每早國人皆以牛糞調水遍塗屋上地下然後拜佛其佛以兩手舒前兩脚身後胃腹着地而拜近王居有一大山高入雲表上有人右脚跡入石深二尺許長八尺餘云是人祖阿哺足跡人祖華名盤古此山出紅雅胡黃雅胡青米藍石昔剌泥窟沒藍等諸寶石乃人祖眼淚結成又其國海中有雪白浮沙一所出螺蚌産珠日照之光彩横蔟王因別為珠池每三年或二年取沙上螺蚌入珠池養之令人看守淘珠納官亦有竊取而賣者其國地廣人稠亞於爪

哇民甚富饒男子上皆赤髁下圍絲手巾加以纏腰渾身毫毛皆長剃只留髮用白布纏裹父母死則髮毛不剃以為孝禮女人髻撮腦後下圍白布兒生皆剃頭女則不剃就養胎髮至長其飯食皆不缺酥乳亦以酥沃飯食着無酥乳則自食于暗處檳榔扶留葉晝夜不絕口出米穀麻豆無麥所用酒油飯皆以椰子造所產菓有芭蕉波羅蜜菜有瓜茄牲畜有牛馬雞鴨無鵝但人死則聚隣婦女以兩手拍胸乳號哭為禮屍皆火化骨則土埋王以金為錢使用每錢官秤重一分六厘甚愛中國麝香紵絲色絹青磁盤碗銅錢　就以寶石珍珠易換王常遣使隨寶舡方物進貢中國

小葛蘭國自錫蘭國馬頭別羅里開舡往西北行好風六晝夜可到其國邊海東大山西大海南北地狹亦臨海王及國人鎖俚人崇信釋教敬象及牛婚喪諸事與錫蘭國同土産蘇木胡椒但不多果菜皆有牛羊頗有羊毛青脚高二三尺黄牛有重三四百斤者人日二飡皆以酥油拌飯王以金鑄錢行使用錢官秤重一分雖小邦亦修貢獻

柯枝國自小葛蘭國開舡沿山向西北行好風一晝夜到本國泊（港）口泊舡其國東大山西大海南北亦海有陸路可往鄰國王鎖俚人頭纏黄白布上不着衣下圍紵絲手巾又加絶（顏）色紵絲一疋爲壓腰其頭目及財主服用頗與王者同屋用椰木造及

用椰葉編蓋各以磚砌土庫收藏細軟諸物以防火盜國人有五等一等與南毘與王同類中有剃頭掛綫在頸者最為貴族二等回回人三等名哲地乃是國中財主四等名革令專為牙保五等名木爪最卑賤木瓜居住俱在海濱屋簷不得過三尺高着衣上不過臍下不過膝路遇南毘哲地皆俯伏候過乃起不許為商賈只以漁樵及擡負重物為生國王崇奉佛教敬象及牛建造佛殿以銅鑄像以青石為座週遭為溝傍鑿井每早起鳴鐘鼓汲井澆佛頂三羅拜而退又一等人名濁肌即道人也有妻室濁肌出母胎即不剃髮亦不梳篦以酥油等物搓髮成縷挽披腦後人以黃牛糞燒白灰徧塗身體上下俱無衣服只

以大如指黃藤繞腰垂縛至膝末垂白布為飾白晝吹海螺而
行其妻畧以布遮蔽前後隨之每到人家則與錢米諸物此地
氣候常暖如夏無霜雪每歲二三月夜雨一二番五六月日夜
大雨街市成河七月盡雨信始　八月半以後再不雨人家于
二三月間即脩置房屋俻具食用以防雨患至次年二三月又
雨如初土無出產人惟種椒為業每椒熟大戶即收買置倉盛
頓以客待各處客商椒以播荷論價每播荷該二十五姑剌該番
秤十斤較中國官秤該十六斤一播荷共該官秤四百斤彼處
賣金錢一百箇或九十箇直銀五兩名哲地者專收買寶石珍
珠香貨以待中國寶船及各處番舡珎珍以分數論價每顆重

三分半者彼處賣金錢一千八百箇直銀一百兩珊瑚連枝柯者以斤論價做成珠者以分兩論價哲地多收買珊瑚枝柯僱匠制造成珠論分兩賣王以九成金鑄錢行使名曰法喃官秤重一分一厘又以銀爲錢名答兒大如海螺靨面官秤重四厘每金錢一箇倒銀錢十五個街市零用國人婚喪各依本類禮制不同國中出產米粟麻豆黍稷無麥牲畜則有象馬牛羊犬猫雞鴨無驢及鵞國王遣使貢獻中國

古里國此西洋大國也從柯枝國開船往西北行三日可到其國邊海山遠東通坎巴夷國西臨大海南連柯枝國北臨狠奴兒國永樂五年朝廷遣正使來大䑸齎寶詔勑諭賜其王誥命

銀印及諸頭目冠服寺物有差遂立石為記謂曰中國相去十
萬餘里民物熙皞同風其國亦有五寺名回回南毘舍地草仝
木爪王南毘人其頭目皆回回人云先王嘗與回回言誓不食
牛則不食猪至今尚然王信佛教敬象及牛蓋佛殿以銅瓦及
以銅鑄佛象乃納兒掘井于佛像之傍每早王自來汲水浴佛
禮拜及〔又〕每夜令人收取黃牛糞以銅盆裝盛早晨和水洒塗佛
殿地上及各墻壁王家并頭目及諸富家皆如此敬佛又燒牛
糞為細白灰用好布為袋裝盛每早盥洗畢以此灰調水塗額
并鼻準及兩股間各三次方緣見佛以此相傳又昔有聖人名
某些及真天人立教化於此地其聖人因往他國令弟撒没黎

攝教其弟心起矯妄鑄銅為犢詐曰此聖主也若能崇敬當日糞金以酬其人貪得金而忘天道因嘗(此)敬牛為重及其聖人回國怪弟妄乃廢其牛欲罪其弟即乘一大象遁去至今國人懸望撒没祭回如月初則言月中必至及月中又言月終必至南毘人敬象及牛蓋以此也王以二頭目掌國事頭目回回人多奉其教禮拜寺有二三十所七日一禮拜至日男子大小俱齋沐不治事已午時同到寺禮拜未時回家方敢交易其人狀貌俊偉亦甚誠信中國寶舡一到王即遣頭目并哲地及米納凡來會其米納凡乃是本國書算手之名牙儈人也但會時先告其以其打價至期將中國帯去各色貨物對面議定價值書

左右合契各收其一暂地乃與坐舡内臣各相握手来納凡言過吉日就中指一掌為定自後價有貴賤再不改悔以後暂地并富户各以寳石珍珠珊瑚来香惟是議論價錢最難疾則一月徐則兩三月方定如某寳石若干該紵絲某物貨若干即照原打手價無改其筭盤只以兩手兩足十指計筭毫髮無差國王以六成金鑄錢名吧南行使每錢中國官秤三分八厘面底有紋該官秤一分又以銀為小錢名搭兒零使每銀錢重三厘其番秤名法刺失權釘衡末準則活動衡正中為定盤星秤物則移準向前番名秤一錢該中國官秤八分十六錢為一兩該官秤一兩八分二十兩為一斤該秤一斤九兩六錢其秤只可

秤十斤該官秤十六斤若以秤胡椒二百五十斤為一播荷該
官秤四百斤稱香貨二百斤為一番（播）荷該官秤三百二十斤其
衡法多是天平對秤法無要妙量法官鑄錢為升名党憂黎較
中國官斗斛每升該一升六合二勺西洋布本國名撦黎布出
於鄰境坎巴夷等處每疋闊四尺五寸長二丈五尺彼處（賣）金錢
八箇或十箇國人亦以蠶絲練織各色間道花手巾闊四五尺
長一丈二三尺有餘每手巾賣金錢一百箇其山鄉人多置園
種胡椒十月椒熟俱採摘曬乾自有大戶收買送官庫官與發
賣每一播荷賣金錢二百箇見數稅錢其哲地財主多收買各
色寶石珎珠并做珊瑚珠奇遇各處番舡到王遣頭目并記寔

人來眼同驗貨亦收稅錢當家多種椰子或千株或二三百株以此為產業云椰有十用嫩者有漿可飲又可釀酒老者肉可打油或做糖與飯其外皮穰可打索造舡殼可為碗為酒鐘又可燒灰廂金銀細巧生活樹可架屋葉可蓋屋此十用也蔬菜有蘿蔔薑芥葱蒜芫荽葫蘆茄子菜瓜東瓜四時皆有又有一種小瓜僅如小指長只二寸許味如青瓜其葱紫皮細葉本大如蒜賣則稱斤芭蕉子波羅蜜多有賣者木別子樹高十餘丈結實如大綠柿內有子三四十熟則自墜其蝙蝠大如鷹皆於此樹倒掛而棲米有紅白二色麥大小俱無他處販麥與麪來用有鷄鴨無鵝羊脚高如驢之駒色灰水牛不甚大黃牛有三四

百斤者牛死則埋之人不食牛肉只食乳酪酥油無酥油麼食飯各色海魚極賤兎鹿亦有賣者禽有孔雀鷺鷥烏雅鷹燕孔雀人家多有養者其他飛鳥俱無婚喪之禮鎖俚人回回人各以類亦有術術能彈唱以葫蘆殼為樂紅銅絲為絃唱番歌相賀（和）而彈唱甚有音韻可聽國（王）位不傳子傳與外甥若王無姊妹則傳於弟（無弟）則傳與有德之人世代相仍如此國法無鞭笞之刑輕則截手斷足重則罰金誅戮甚則抄封滅族人犯法到官則稱冤不伏者則於王前或大頭目前以鐵鍋煮油令滾先以樹葉爆裂有聲乃命其人以右手二指浸滾油內片時取出用布包裹封記監留在官過三日聚衆開封視之若手潰爛則不

枉遂加以刑其不爛者則頭目人等以鼓樂送此人回家謝親隣友皆賀餉與飲酒作樂國王其年以赤金五十兩令匠抽絲如髮結綰成片以各色寶石珎珠廂成寶帶一條遣頭目乃邦進貢中國

溜山國自蘇門答剌國開船過小帽山投西南行好風十日可到其國番名牒幹無城郭倚山聚居四面皆海即如洲渚狀國之西去途程不等有天生石門海中狀如城闕有八大處曰沙溜曰人不知溜曰起來溜曰麻里奇溜曰加半年溜曰加加溜曰安都里溜曰官塢溜此八處者皆有地主而通商貢其餘小溜尚有三千餘處水皆緩散無力舟至彼處而沉故行船謹避

硬有馬步銃兵七八千鄰邦畏之永樂十九年上命太監李克
正使齎詔勅往諭旨李　到蘇門答剌國令內官周　等
駕寶舡三隻往彼王聞即率大小頭目至海濱迎入禮甚敬謹
開詔畢仍賜王衣冠王即諭其國人凡有寶物俱許出賣此國
買到貓精一塊重二錢許并大顆珍珠各色鴉鶻等石珊瑚樹
高二尺者數株枝柯為珠者五櫃及金珀薔薇露麒麟獅子花
福鹿金錢豹駝雞白鳩之類國王頭戴金冠身服黃袍腰繫寶
裝金帶至禮拜日亦以細白番布纏頭上加金錦為頂身服白
袍坐車列隊而行其頭目冠服各有等第國人男亦纏頭服撒
哈喇梭幅錦繡紵絲細布等衣足著靴鞋婦人亦服長衣肩項

佩珎珠寶石瓔珞如中國所飾觀音狀耳帶金廂寶環四對臂
纒金寶釧鐲足指亦帶環又用綵嵌手巾蓋頭只露其面九國
人打造金銀入細生活絶勝天下市肆熟食絲帛書籍諸色物
件舖店并混堂皆有王用赤金鑄錢名甫嚕嚓行使每錢官秤
重一錢底面有紋又用紅銅鑄錢名甫嚕斯零用氣候溫和如
八九月日月之定無閏月但以十二月為一年月之大小但以
今夜見新月明日即月一也四季不定自有陰陽人推算某日
為春首則花草開榮某日是初秋則木葉凋脱至於日月交蝕
風雨潮信無不准人之飲食米麪諸品皆以乳酪油糖蜜制造
米麥穀粟麻豆并蔬菜俱有果有松子榛桃花紅石榴桃仁把

丹乾蒲萄萬年棗之類畜有象駝驢騾牛羊雞鴨犬猫只無猪
及鵞其綿羊則白毛無角於出角處有兩黑點頸下有胡如黄
牛毛短如狗尾大如盤及出花福鹿青花白駝雞麒麟獅子其
福鹿狀如騾白身白面眉肩起細細青條花纏身及蹄間道如
畫青花白駝雞狀與福鹿同麒麟前足高八九尺餘後足高六
尺褊口長頸擧頭高一丈六尺前仰後俯不可騎乘兩耳邊有
短肉角牛尾鹿身蹄有三跲食粟豆麪餅獅子形如虎黑黄無
斑紋頭大口闊尾有毛黑長如纓殺吼如雷諸獸望見輒伏不
敢動及產紫檀木薔薇露薝蔔花并無核白蒲萄其人居屋皆
砌以石上蓋以磚或土有石砌三層高四五丈者國王感慕聖

朝懇德常修金葉表文進金廂寶帶一條窟嵌珎珠寶石金冠一頂并雅鶻等各寶石蛇角等物進貢

榜葛剌國自蘇門荅剌國開船取兒山并翠藍島投西北上行好風二十日先到浙地港泊船用小船入港行五百里到地名鎖納港自此登岸又西南行三十五站始到榜葛剌國其國有城王居及大小諸衙門皆在城内地廣人稠風俗良善富家多造船往番買賣而傭伎者亦多國中皆回回人男婦皆黑間有一白者男子剃頭以白布纏裹身服圓領長衣自首而入下圍各色潤手巾足着淺面皮鞋及頭目俱服回回教禮衣冠甚濟嚴國語名榜葛俚自成一家語說吧兒西話者亦有之王以銀

鑄錢名倘加每錢官秤重三錢官尺徑一寸二分底面有紋一應買賣皆用此錢街市零使則用海𧵅海𧵅番名考嚟論箇數交易冠婚喪祭皆用回回禮氣候時常熱如夏出稻穀芝麻黍粟豆麥其稻穀一年二熟米粒細長多紅者蔬有姜芥葱蒜瓜茄果有芭蕉甘蔗石榴棱子波羅蜜及砂糖白糖糖霜蜜煎之類畜有駝馬驢騾水牛黄牛山羊綿羊豬犬雞猫鵝鴨等畜酒有米酒椰子酒茭蕈酒各有造法多作燒酒賣土俗無茶以檳榔待客街市一應鋪店混堂酒飯甜食皆有土産五六種細布一種草布番名泊闊三尺餘長五丈六七尺此布極細如中國細箋紙一種姜黄布番名滿者提闊四尺許長五丈餘此布細

家壯實一種沙納巴布濶五尺長三丈如生羅狀即布羅也一種細白勤搭嗏闊三尺許長六丈布眼希踈勻淨即布紗也纏頭皆用此布一種沙塌兒止濶二尺五六寸長四丈餘如中國好梭布狀一種驀黑驀勒闊四尺許二丈餘有面皆起絨頭厚四五分即兠羅綿也桑柘蠶絲雖有止織絲嵌手巾并絹布一等白紙光滑細膩如鹿皮亦有是樹皮所造其他漆器盤碗鑌鐵鎗剪刀等項皆市賣者國法有笞杖徒流等刑官府有品級印信行移軍有粮餉管軍頭目名吧斯剌兒及有陰陽醫卜百工伎藝其術衍身着挑黑綠白布花衫下圍色絲手巾以各色硝子珠間珊瑚琥珀穿成瓔珞佩於肩項又以青紅硝子燒成

針鐲帶於兩臂人家宴飲皆來動樂口唱番歌對舞亦有解数可覩其樂工名根肖速魯奈每日五更時即到頭目或富家門首一人吹鎖納一人擊鼓一人打大鼓皆有拍調初則慢後漸緊促而止又至一家吹打而去及飯時回至各家皆與酒飯或與錢財諸色把戲皆不甚奇街市中有一人同妻以鎖鎖一大虎每至人家即解索虎眈眈坐地其人赤躰跳躍將虎踢打怒作咆哮勢來撲其人其人與虎對搏數次既又以臂探入虎口至喉虎不敢食戲訖鎖虎虎伏地討食人家以肉啖虎并以錢物與其人而去月日之定亦以十二月為一年無閏月王亦遣人駕舡往鄰邦買辦珎珠寶石進貢

忽魯謨厮國自古里國開船投西北行好風二十五日可到其國邊海倚山各處番船并陸路諸番皆到此趕集買賣所以國民皆富王及國人皆奉回回教門每日五次禮拜沐浴齋爲禮甚謹其風俗淳朴溫厚遇一家遭難致貧衆皆助以衣粮錢財所以國無貧苦之家其人狀貌魁偉衣冠濟楚婚喪之禮悉悉依教規無違如娶妻先用媒妁通言既允許然後男家置酒請加的加的者掌教門規矩之官也及請主婚并媒人親族長者兩家各通三代鄉貫來歷寫立婚書乃擇日成婚否則官法以奸論死者用極細白布爲大殮小殮之小以瓶水洗屍自首至足凡三乃以麝香片腦填屍口鼻始殮衣即棺盛貯造墳穿

至葬所其墳皆砌一石穴底鋪淨沙五六寸及葬則去棺取屍沙上以石板蓋之上聚土為塚人食飲務以酥油和飯其市店出賣燒羊燒雞燒肉薄餅哈里撒一應麪食三四口之家多不舉火只買熟食王以銀鑄錢名那底兒徑寸六分面底有紋官秤重四分通行使用書記皆回回字諸色鋪店皆有只無酒館國法飲酒者棄市文武醫卜絕勝他處各色伎藝皆有常見人立一木長丈許上平有一白色小羖羊其人拍手誦説羊即跳舞而來搭木而上為舞態如是者凡五六段其人推斷所立之木以手接羊令卧地作死羊即卧地令舒前腳則舒前腳令舒後腳又有牽一大黑猴者演習諸藝畢乃以手巾蒙其面衆令

一人打之及解縛即於稠人中取原打之人其處氣候寒暑春
則開花秋則落葉有霜無雪雨少露多有一大山出四種物一
面出紅盐其堅如石以鐵鑿取之有三四斤為塊者此盐下濕
酒擂抹末用之一面出紅土其色如銀硃一面出白土其色若石
灰一面出黃土其色如姜黃國王皆令人看守賣與諸番用土
産米麥不多各處販來為價亦賤果有核桃松子葡萄乾石榴
花紅桃乾把丹萬年棗蔬有葱韭薤蒜蘿蔔菜瓜西瓜甜瓜其
胡蘿蔔色紅大如藕甜瓜尤大有高二尺者核桃色白殼薄可
以手碎松子長寸許葡萄乾有三四種一種如棗乾紫色一種
如蓮子大無核結白霜一種僅如豆顆白石榴大如茶鐘花紅

大如拳香美把丹如核桃尖長匾黃色內仁味勝核桃萬年棗亦有三種一種番名垛沙布大如拇指核小結霜如沙糖甘難食一種按成塊重二三十斤味如好柿乾歲收堆積喂馬及有軟棗一種如南棗乾味澁土人以喂牲口其處諸番寶物皆有如紅鴉鶻剌石祖把碧祖母綠猫睛金剛鑽大顆珎珠若龍眼重一錢二三分者珊瑚樹株幷枝梗大塊金珀幷珀珠神珠(珀)蠟珀黑珀番名撒白值錢各色美玉器皿十樣錦剪絨花单其絨起一分長二丈闊一丈各色梭幅撒哈喇氊羅紗各番青紅絲嵌手巾等貨皆有駝馬騾騾牛羊至廣其羊有四種一積(種)大尾綿羊重七八十斤其尾重二十餘斤闊尺餘拖地一種狗尾羊

知聖道齋

壯如山羊尾長二尺餘一種鬪羊高二尺七八寸前半身毛長
拖地後半身皆剪其頭頰如綿羊角彎轉向前掛小鐵牌行則
有聲此羊善鬪好事者養之以為博望又有獸名草上飛番名
昔雅鍋失似猫而大身玳瑁班兩耳尖黑性純不惡若獅豹等
猛獸見之皆伏於地乃百獸之王也國王修金葉表文遣使隨
寶舡以麒麟獅子珍珠寶石進貢中國

天方國即默加國也自古里國開舡望西南申位行三月始到
其國地名失沓有大頭目守之自失沓往西行一日到王城彼
人云昔者西方聖人始於此處闡揚回回教法至今國人悉遵
教門規矩其國人躰貌壯偉紫堂色男子纏頭長衣淺鞋婦人

蓋頭卒不能見其面話說阿剌必言語國法禁酒風俗和美人少犯法無貧難之家其婚喪禮皆回回教門再行半日到天堂禮拜寺番名堂愷阿白其週如城有四百六十六門兩傍以白玉石為柱共四百六十七柱其在前者九十九後一百單一左一百三十二右一百三十五堂制如此皆以五色石輳為方而頂平內以沉香木為梁以黃金為承漏墻壁皆薔薇露龍涎香和土為之上用皂紵絲為罩畜二黑獅守子堂門每年十二月十日諸番回回行一二年遠路者到寺禮拜及去徃徃割皂蓋少許為記剜割既盡王復易以新罩歲以為常堂近有司馬儀聖人之墓在焉其墳冢用綠撒不泥寶石為之長一丈二尺高

三尺濶五尺四圍墻垣皆以泔黄玉砌壘高五六尺餘墻内四隅造四塔每禮拜即登塔呌禮左右兩傍有各祖師傳法之堂其堂亦以石砌造皆極華麗其處氣候常熱如炎夏並無雨雷霜雪夜露甚重置碗露中及旦可得水三分 凡草皆露滋養土産米穀少皆種粟麦及黑黍有瓜菜其西瓜甜瓜有以二人舁者果有葡萄萬年棗〻并石榴花紅梨桃皆有大種四五斤者亦有似綿花樹如中國大桑樹高一二丈其花一年二収牲畜有駝馬驢騾牛羊猫犬雞鵞鴨鴿其雞鴨有重十斤以上者土産薔薇露俺八兒香麒麟獅子駝雞羚羊并各色寶珍珠珊瑚琥珀等寶王以赤金鑄錢名倘加行使每錢官寸徑七分官秤重

一錢其金比中國足十二成又往西行一日到一城番名驀底納城中馬哈麻聖人陵寢在焉至今墓上發毫光日夜侵雲而起墓後有井番名阿必糝糝味清甘下番人往往取水置舡中遇風飓作以水灑之風浪頓息宣德五年欽奉朝命開詔徧諭西海諸番太監洪保 分䑸到古里國適默伽國有使人来因擇通事等七人同往去回一年買到各色奇貨異寶及麒麟獅子駝雞等物并畫天堂圖回京奏之其國王亦採方物遣使七人者進貢中國

西洋番國誌終

知聖道齋

鞏珍西洋番國志自彭氏知聖道齋著錄以後湮沒無聞又歷百餘年治鄭和下西洋歷史者以為憾焉中華人民解放後之第一年余知周叔弢前輩藏知聖道齋抄本鞏氏原書遂因哲嗣一良先生之介假歸錄副多年積想一旦獲償其欣慰之情可知也近世藏書家大率錦褾牙軸閟不眎人叔弢前輩藏書之富甲於北國顧不如是近且將以所藏善本獻諸國家其卓識雅量高出時流遠矣因亟將鞏氏書繳還並誌數語稍表欽遲之意云爾一九五二年七月廿二日漵浦向達謹記於北京

西洋番國志無卷數浙江巡撫採進本

明鞏珍撰珍應天人其仕履始末未詳永樂中勅遣太監鄭和等出使西洋宣宗嗣位復命和及王景宏等往海外徧諭諸番時珍從事總制之幕往還三年所歷諸番曰占城曰瓜哇曰暹羅曰舊港曰啞魯曰滿剌加曰蘇門答剌曰那姑兒曰黎代曰喃㪍里曰溜山曰榜葛剌曰錫蘭山曰小葛蘭曰柯枝曰古里曰祖法兒曰忽魯謨厮曰阿丹曰

天方凡二十國於其風土人物詢諸通事轉譯漢
語覼縷畢記至宣德九年編成所記與明史外國
傳大概相同疑史採用此書也

鄭和下西洋考

鄭和下西洋考

〔法〕伯希和 著　馮承鈞 譯

民國二十四年商務印書館排印本

伯希和著
馮承鈞譯

鄭和下西洋考

商務印書館發行

Paul Pelliot 著
馮承鈞譯

鄭和下西洋考

中華教育文化基金董事會編譯委員會編輯
商務印書館發行

序

西方史書言新地之發現者，莫不盛稱甘馬（Vasco da Gama）哥倫布（Columbus）等的豐功偉業。就是我們中國人編的世界史也是如此說法。好像在講座中很少有人提起在這些大航海家幾十年前的中國航海家鄭和。這眞是數典而忘祖了。說來也很慚愧，我們中國人所忘記的這個中國大航海家業經外國學者研究過多次。首先有麥耶兒思（一八七四至一八七六）隨後有格倫威耳德（一八七七及一八九六），菲力卜思（一八九五至一八九六），羅克希耳（一九一五）諸人的研究，最後有兌溫達的研究同伯希和的這篇考證。（均在一九三三年出版）這些人的研究在地理名物方面固然有不少發明，但是尋究史源勘對版本的，祇有伯希和一人。在這一方面說，我們中國人確又有些自豪之處。伯希和此文刊布之兩年前，我的朋友向覺明（達）業已作過了一篇版本的考證，（見民十八年四月小說月報四七至六四頁「關於三寶太監下西洋的幾種資料」）他所尋究的史源較廣，版本較多。比方瀛涯勝覽尚有國朝典故本；星槎勝覽兩卷本尚有國朝典故本羅以智校本廣州中山大學覆刻天一閣本，四卷本尙有歷代小史本，皆是伯希和此文所遺漏者。我翻譯此文以前，曾請教過他，承他的幫忙，將所藏若干不易覓得的刻本鈔本借給我勘對，尤使我感謝的，他又錄示他所鳩集的材料若干條，也是伯希和之研究所未及，所以我生吞活剝地轉錄於這篇序文之中。

諸本瀛涯勝覽中尚有一部題作「三寶征彝集」者，天一閣書目曾著錄，伯希和此文中亦曾說過，然未敢確定是瀛涯勝覽的別本。今檢抱經樓藏書志卷十九著錄有明鈔本三寶征彝集一卷，瀛涯勝覽的前後序文並存，且足補紀錄彙編本脫漏之文。後序末題「是歲監察御史古朴劇弘書」，是歲疑即紀錄彙編本天方條末所題之景泰辛未（一四五一），劇弘未詳爲何許人。抱經樓藏書志排印於甲子仲冬（一九二四），這部孤本三寶征彝集現在或尚存在，若能取以校勘紀錄彙編本，必更有所發明。

鄭和第三次奉使的年月，是永樂十年冬月。證以西安羊市大清眞寺嘉靖二年（一五二三）重修淸淨寺記：「永樂十一年四月，太監鄭和奉敕差往西域天方國，道出陝西，求所以通譯國語可佐信使者，乃得本寺掌教哈三（Hasan）焉」等語，可見鄭和在永樂十一年夏季尚未出發。

鄭和第四次奉使的年月，是永樂十四年冬。證以泉州城外回教先賢墓鄭和下番路經泉州行香碑記：「欽差總兵太監鄭和前往西洋忽魯謨廝等國公幹，永樂十五年五月十六日於此行香，望靈聖庇佑，鎮撫蒲和日記立」等語，可見次年五月尚在泉州。

右引二條足證鄭和是一信奉回教的人。復考永樂三年華亭李至剛爲鄭和的父親所撰的墓誌銘（見袁嘉穀撰滇繹卷三）說：「公字哈只，姓馬氏，世爲雲南昆陽州人，祖拜顏（Bayan），妣馬氏，父哈只，母温氏……子男二人，長文銘，次和，女四人。和自幼有材志，事今天子，賜姓鄭，爲內官監太監……公生於甲申年（案甲申應是甲寅之誤）十二月初九日卒於洪武壬戌七月初三日享年六十九歲，長子文銘奉柩安厝於寶山鄉知代村之原，…」又足證明他世代信奉回教。哈只就是 haji 之對音，猶言巡禮人，足證和之祖與父均曾到過默伽。可是當時的回教徒，對於他教亦不甚排斥。元代的賽典赤諸人曾有修建文廟佛寺的先例。所以鄭和也曾受過菩薩戒，爲佛門弟子。摩利支天經經尾有永樂元年姚廣孝題記，末云：「今菩薩戒弟子鄭和，法名福善，施財命工刊印流通，其所得勝報，非言可能盡矣。一日懷香過余請題，故告以此。永樂元年歲在癸未（一四〇三）秋八月二十又三日，僧錄司左善世沙門道衍。」可以爲證。

據永樂十八年刊太上說天妃救苦靈驗經經後題記，永樂十四年下番之役，並有僧人勝慧隨往西洋公幹，則第四次旅行中有佛徒一人矣。

乾隆崑山新陽合志卷三十五藝文，有周復俊星槎勝覽序，序末云：「予屏居多暇，稍加删析，錄一淨本，寘六梅齋中。」又同書卷二十四人物文苑，有費公曉傳，傳末言及星槎勝覽，有云：「邑人周復俊得之，頗加删析，附玉峯詩纂行世，」則現在流行的四卷本，亦得爲周復俊之删析本。

上引各條皆是伯希和考證之所未及。至若伯希和這篇考證，全文共有二百十六頁。自從他撰了一篇「交廣印度兩道考」以後，從未做過如是長篇的大文。這篇大文原是一篇書評，乃對兌溫達所撰的「重再考訂的馬歡書」一書而撰，所以言版本考證之文過半，餘爲校勘版本糾正譯文之文。兌溫達書專考瀛涯勝覽，伯希和此文並及星槎勝覽。其考證星槎勝覽之文，居全文三分之一以上。鄭和七次下西洋的年月，同諸國的地名考證，皆在此部分中。全文無卷第亦無子目，同他那篇「交廣印度兩道考」的體例相同。不過「兩道考」尚有子目可分，而此文言版本，言考證，言校勘，散見全文之中，譯文祇好仍其原狀。

此文原題「十五世紀初年中國人的偉大海上旅行」，別言之，就是三保太監下西洋諸役。所以我改題曰「鄭和下西洋考」。西洋二字，在現在固已喪失時效，然在當時地理概念尙未明瞭之時，凡玉門陽關以西的陸地，概名之曰西域；南海以西的海洋及沿海諸地，概名之曰西洋。所以印度東岸的 Cola 名曰西洋瑣里，毛夕里(Mawsil)所產的紗布名曰西洋布(mousseline, muslin)。迨至耶穌會的傳道師到了中國以後，方開始漸漸以西洋的名稱專指歐洲。至若鄭和所至之西洋，當然是包括印度洋而言也。

我們校勘版本，有一種成見必須打破。關於鄭和下西洋的記事，固然要考證正史同行記，以及明人所撰的那些關於四夷的記載。可是繼懋登所撰的小說西洋記，也不可忽視。因爲西洋記所根據的材料，有一部分出於馬歡書。比方瀛涯勝覽卷首的紀行詩，除紀錄彙編本有此詩外，他本俱闕，乃西洋記中反載有之，比較微有異文同譌誤，可是不乏可以參證的地方。我前見紀錄彙編本紀行詩中的「太宛米息通行商」一語，頗疑「太宛」是大宛之誤，「米息」是安息之誤。及見西洋記的紀行詩，作「大家未息通行商」，乃知「太宛」確是大宛，而「米息」不是安息，確是「米息」，就是明史卷三三二米昔兒亦名密思兒者之省稱。此米昔兒在西使記中作密乞兒，元史本紀

（卷四十三）中作米西兒，郭侃傳中作密昔兒，並是 Misr 之對音，蓋指埃及也。則雖小說，亦有可資考訂之處。向覺明從前也曾取西洋記所載古里國的碑文，來校訂瀛涯勝覽古里條所載碑文的錯誤，反之，馬歡書天方條所言「司馬儀(Ismaël)聖人之墓」在西洋朝貢典錄相對之文中作「古佛墓」，足證文人的潤飾之不可靠，反甚於小說。西洋朝貢典錄印行之年不過晚於西洋記二十三年，黃省曾所見的，應該是未刪改過的瀛涯勝覽，竟有這樣武斷的解釋！所以我很希望有人將現存比較尚完全的紀錄彙編本，用勝朝遺事本，同張昇本，以及或能覓到的三寶征彝集作一部校勘工作。這種工作祇有我們中國人作得好，外國學者究竟有點隔膜。

我還有一種希望：鄭和之遺事可作兩面觀，一面是歷史的鄭和，一面是故事民話的鄭和。後一鄭和也很重要，曾爲種種民話的幹題，至今南洋一帶尚盛傳之，見之載籍的固然要搜輯，傳之委巷的也要記錄。

向覺明曾說過：「桑原隲藏曾作了一部宋末泉州提舉市舶使蒲壽庚的事蹟，以蒲壽庚爲中心，敍述唐宋時代中國與阿拉伯人在海上交通的情形。若是有人以鄭和爲中心而敍述元明時代中國與西方之交通，鈎稽羣書，疏通證明，其成就一定不會比桑原的書壞。」（小說月報第二十卷第一號四八頁）這是五年前的話。現在既有這些新資料之發現，我以爲能夠疏通證明的最好就是向覺明本人。

民國二十三年七月十五日馮承鈞識

鄭和下西洋考

十五世紀最初三十餘年間，永樂宣德兩朝時數遣使赴南海諸國，因是留有若干記述南海諸國的載籍。諸漢學家對於這些載籍研尋已屢，如麥耶兒思 (Mayers) 在中國雜誌 (China Review) 第三册（一八七四至一八七五年刊）同第四册（一八七五至一八七六年刊）中之研究，格倫威耳德 (Groeneveldt) 之「馬來羣島及滿剌加考」（一八七七年刊又一八八七年在「越南半島雜纂」第二類第一册中有重刊本我用的即是此重刊本）及補考（見一八九六年通報一一三至一三四頁），菲力卜思 (Philipps) 在王立亞洲學會北華支部報 (JNChBrRAS. 第二十册二〇九至二二六頁第二十一册三〇至四二頁）同王立亞洲學會報 (JRAS. 一八九五年刊五二三至五三三頁八九八至九〇〇頁一八九六年刊二〇三至二〇六頁三四一至三五一頁）中之研究，史萊格耳 (Schlegel) 在一八九八，一八九九，一九〇一等年通報中之研究，羅克希耳 (Rockhill) 在一九一五年通報中之研究皆是已。其中有不少錯誤必須糾正，有不少新證必須加入，用是兌溫達 (J. J. L. Duyvendak) 君對於羅克希耳在一九一五年所譯之一書用二十三頁的緒言，繼以批評考證而成斯篇。註一

註一　鈞案伯希和這篇洋洋大文，蓋爲批評補充兌溫達之書而撰，原文見一九三三年刊通報二三七至四五二頁，兌溫達書原名 Ma Huan re-examined, Amsterdam, 1933, 74 pages.

永樂宣德時奉使的主要人物，就是赫赫有名的鄭和。此人不僅見於正史，而且故事小說亦爭言之。註一 格倫威耳德曾將明史卷三〇四鄭和本傳迻譯，譯文不免有些删節同錯誤。鄭和七次奉使南海，其年月在本傳中並見著錄，但是僅恃這些材料，未免根據薄弱，鄭和的傳記尚須有待撰輯也。其應特別注意者，散見諸外國列傳中之記事，由是可以確定鄭和在某時至某國。註二 此外鄭和在外國建立了若干碑文，其中有一碑上泐三種語言，業在錫蘭（Ceylan）發現，距今快有二十年了。（參考沙畹 Chavannes 撰文，見亞洲學報 J. A. 一九一五年刊第一册三八〇頁，）兌溫達書（四頁）曾根據張星烺之說，註三 以爲鄭和得是一回教徒，註四 原來姓馬。總之，有一種流行之說，謂鄭和的歿年在一四三一年，確是一種誤會，此歿年在翟理斯（Giles）的「人名辭典」中（二七二條，）雖見著錄，可是後面加了一個疑問符號。古郎（Courant）的「目錄」四〇二四則，曾爲無條件之轉錄。近來恆慕義（Hummel）在他所撰的「一個中國史家的自傳」中（一三七頁，）也照樣轉載。考鄭和第七次奉命通使南海之時，在一四三〇年陰曆六月，註五 以王景弘爲副，他們歷經蘇門荅剌（Sumatra）忽魯謨斯（Ormuz）等國。（見明史卷三〇四，卷三二五，卷三二六，）乃考後來說到的費信足本星槎勝覽卷首所載旅行次數同經歷的國名，說他在宣德六年（一四三一）隨鄭和往諸番，直抵忽魯謨斯等國，而在一四三三年回京，這個一四三〇同一四三一兩個出發年代之差異，不難解釋。麥耶兒思在中國雜誌第三冊三二九至三三〇頁中所譯之文，祇能算是鄭和此次所歷停舶諸港的名錄。此文表示鄭和在一四三一年全年中逗留浙江福建兩地，並確定他歸京（南京）之時在一四三三年七月二十二日，其中毫無使人想到鄭和歿於半道之事。又一方面，一四三四年時，王景弘曾單獨往使蘇門荅剌，（明史卷三二五）或者鄭和此時已死，或者年老不能作第八次之旅行，他死的地方應是南京，相傳其墓尚在。註六

註一　一五二〇年時，西洋朝貢典錄的撰人已有鄭和身長九尺的傳說。（見舊港 Palembang 條末。）

註二　我後此言及星槎勝覽時將試爲確定其歷次奉使之年代。

註三　張君之撰述現尙未見。

註四　Devéria 早已有此假定，（見語言學校百年紀念刊，三二八至三二九頁。）

註五　此次奉使不見明史本紀著錄，僅有鄭和本傳說在陰曆六月，或應改作陰曆五月，可參照註六。

註六　參考該雅爾（Gaillard）撰南京史略一九九頁。我曾將關於鄭和在南京的事蹟同他墳墓的幾種材料裒輯，擬在別一文中研究。可是現在必須指明鄭和本傳中的一條錯誤，據云：命鄭和以下番諸軍守備南京，南京設守備自和始。（參考格倫威耳德書一六九頁）考明史本紀（卷八）一四二四年十月八日始設南京守備，以襄城伯李隆爲之，前此未久，一四二四年九月九日曾命李隆鎭山海關。（明史同卷）又考明史李隆本傳，（卷一四六）永樂時命隆爲南京守備，已而仁宗卽位，移隆鎭山海關，未久復命隆守備南京，與本紀之文不合。該雅爾神甫（南京史略一九八頁）亦將南京始設守備而李隆受命之事位置在永樂時，惟誤一四二四年陰曆九月爲一四二三年陰曆九月耳。我手邊無南京的方志，或者在其中可能考出此種錯誤之所本也。鄭和守備南京之時亦不甚久，考錢曾讀書敏求記，

「西洋番國志」條下有云：宣德五年五月初四日，（一四三〇年五月二十五日）勅南京守備太監楊慶等太監鄭和往西洋公幹，應爲籌備一切由是觀之，時爲南京守備者已非鄭和，（此太監楊慶本人在一四二一年一月十三日已先奉勅往西洋公幹，並見讀書敏求記。）據錢曾所引之文，鄭和第七次奉使時，在陰曆五月，則鄭和本傳作陰曆六月誤也。又據麥耶兒恩所譯之文，（見後，）航海船舶離南京時，在一四三一年一月十九日。

研究十五世紀最初三十餘年間中國人之航海事蹟，除開後面研究的幾種特別著作外，尚應參考明史列傳卷三二四至卷三二六，大明會典，大明一統志，王圻的續文獻通考，嚴從簡的殊域周咨錄，茅瑞徵的皇明象胥錄，鄭曉的吾學編，羅曰褧的咸賓錄，何喬遠的閩書及名山藏。尤其要參考明實錄的寫本，又據四庫全書總目卷七九，禮部志稿內載「朝覲賞賚諸制，」可補星槎勝覽行程之闕，或者錢曾所引之文即在其中。

至若永樂宣德間關於航行南海的特別著作，爲數有四，曾經世人多少引用，此四書曰瀛涯勝覽，曰星槎勝覽，曰西洋番國志，曰西洋朝貢典錄。

（一）　瀛涯勝覽

這就是兌温達君的研究所特注意的載籍。此書的沿革本來已經錯雜不明，復經羅克希耳的一種誤會，愈使之更爲複雜。瀛涯勝覽之留傳於今者，計有兩本。其中一本是改訂本，乃羅克希耳誤認此改訂本爲原本。由是他時常說原本是改訂人張昇的改訂本，反將改訂本認爲原撰人之原本。兌温達君僅見此誤，但是尚有若干點可以作進一步之說明。

兒溫達君對於此書之沿革僅爲簡略之說明。按自麥耶兒思以來，人已熟知瀛涯勝覽的原刻本是一六一七年沈節甫所刻的紀錄彙編本。註一 瀛涯勝覽的原本在此彙編卷六二中計有四十七頁，改訂本在卷六三中計有二十二頁。紀錄彙編所著錄瀛涯勝覽的撰人作馬歡，我後來對於此名別有說明。可是應該注意的，羅克希耳同兒溫達皆未見此紀錄彙編刻本，羅克希耳僅從英國博物院的一部抄本中得識原本（他誤認此本爲改訂本）兒溫達所用的是萊德（Leyde）大學的另一抄本（格倫威耳德節譯的或者就是此本）。兒溫達說這兩本皆是一六一七年刻本的抄本，此說頗有理由。然他好像未曾用現在華盛頓國會圖書館所藏的紀錄彙編刻本校刊抄本。註二 就事實言他的抄本中的錯誤幾盡與紀錄彙編刻本的錯誤相同。此外除此原刻本外，註三 我並未見有更古的刻本，註四 亦未見有異於紀錄彙編之別一寫本。羅克希耳（七一頁）曾言瀛涯勝覽的足本在一六一七年後並見收入幾部叢書之中，可是他未舉其名，必是他將採輯張昇改訂本之叢書誤認爲採輯足本之叢書。祁承㸁在一六二〇年頃所撰的澹生堂藏書目，註五 曾著錄採輯瀛涯勝覽的叢書至少有五種，其餘四種曰說鈔，曰徵信叢錄，曰百名家書，曰古今說海。關於說鈔之錯誤，後此我別有說明。百名家書是胡文煥所輯，時在十六世紀末年，或十七世紀最初二十五年間，所輯書九十八種，其目並見彙刻書目卷三，然無瀛涯勝覽，或者祁承㸁誤將此書同星槎勝覽混而爲一。註六 古今說海是一部有名的叢書，亦與百名家書情形相同，僅有星槎勝覽而無瀛涯勝覽。所餘者，徵信叢錄或國朝徵信叢錄，這部大叢書共有二百一十二卷，是祁承㸁採輯抄本而成，好像從未付印，並久已散佚了。註七 澹生堂叢書目所保存這部叢書的目錄僅著錄有瀛涯勝覽一卷，別無他語。（見十一卷五至七頁）祁承㸁既說瀛涯勝覽的原本收入國朝徵信叢錄，而在後面言及張昇的改訂本時，並無相類之語。他的書目錯誤固然不少，在此點上，我們對他不能不表示信用。或者國朝徵信叢錄裒輯之時，在一六一七年以前，由是他所輯之本與紀錄彙編的刻本毫無關係。但是祁承㸁所輯之本業已無存，吾人無法勘對，如此看來，吾人若無下述二書，勢必自任改正紀錄彙編所刻原本之責。這兩部書一是張昇的改訂本，一是一五二〇年的西洋朝貢典錄，此書所採瀛涯勝覽原本之文不少，後此吾人對之別有說明。十八世紀時纂修圖書集成的人，同纂修四庫全書總目（卷七八）的人一樣，僅見有改訂本，則除開一五二〇年的那部書所採之文同一六二〇年頃的一種目錄著錄其標題外，我並未見有在此前直接引用瀛涯勝覽原文者。

註一　沈節甫，烏程人，一五五九年進士，官至工部侍郎，喜藏書，有目錄二卷曰玩易樓藏書目錄，（參考浙江通志二四四卷三三頁，藏書紀事詩三卷三十頁，四庫總目一三四卷七頁。）這部叢書刊行之年，經麥耶兒思考訂在一六一七年。（中國雜誌第三册二二頁，）羅克希耳據以轉錄（七一頁，）恒慕義曾通知兒溫達，說華盛頓國會圖書館所藏的一部，確是明本，然未題年月。兒溫達（八頁）以爲設若這部刻本確是一六一七年的刻本，纂輯的時代應該遠在一六一七年之前，因爲沈節甫是一五五九年進士也。我所見的一本，是巴黎漢學院所藏本，既無著錄標題的那一頁，亦無序文，（假定有的話，）亦未能斷論；反之，此本卷首有凡例，凡例前有字兩行云：「工部左侍郎臣沈節甫纂輯，巡按江西監察御史臣陳于廷詮次。」案陳于廷亦是名人，『參考明史二五四卷四頁。』一五九五年進士，三爲縣令，歷任諸職。後爲江西巡按，已而轉任山東。一六一九年至一六二〇年間，他尚在山東。如此看來，參耶兒思所考一六一七年刻書的年代，頗與凡例前所題陳于廷結銜相符，沈節甫此時或者尚存。因爲假定他在二十五歲前後成進士，在刻書時約有八十歲也。總之，無論如何不能假定紀錄彙編刻有兩版，充其量不過可以說有些版片是重刻的。因爲我曾見其中有兩樣版片，卷一三〇中之第六頁，是根據一六三一年補刻的版片繕寫的，四庫總目對於這部紀錄彙編評論苛刻，（一三四卷七頁。）可是批評的人僅僅泛檢書目，並未細考內容，就是對於書目的數目，亦未算清。據說有一百一十九種，其實有一百二十一種，如果將瀛涯勝覽兩部版本分計，還可以說有一百二十二種。

註二　兌溫達（九頁）謂此兩部鈔本目錄皆同，可是刻本反無目錄云云。此事甚奇，要是如此，豈不是說這兩部鈔本同他所根據的原本沒有關係嗎？其實一六一七年的刻本確有目錄，或者國會圖書館所藏本偶缺其目。兌溫達又說，目錄所列各國之次第，同本文之次第不符，此外不僅有些錯誤，而且有些名稱寫法紛歧。例如目錄將 Ormuz 的譯名作忽爾沒斯，本文則作忽魯謨廝，我對於這兩點，誠不能提出滿意的答解。兌溫達好像未曾注意史萊格耳曾經見過瀛涯勝覽的兩種版本，並評過此兩本中之諸條。史萊格耳在一八九八年通報（九卷二七四頁）中，根據紀錄彙編卷六三，引證到張昇的改訂本，好像他曾見過這部叢書，並曾採用過卷六二中的瀛涯勝覽原本，而所根據的不是這部鈔本。但是史萊格耳這箇人，甚麼都是靠不住的，他在同卷通報（一八二頁一八三頁）中，用紀錄彙編卷六三的瀛涯勝覽集的標題，引證張昇改訂本之文，而謂原本撰人是馬觀。（一七九頁，）可是紀錄彙編卷六二實作馬歡。他所引證的這部瀛涯勝覽原本之文，開始偶有「按」字，同在他書轉錄的一般。此外在一九〇一年通報中引證的張昇改訂本，實採自圖書集成的邊裔典，而非出於紀錄彙編卷六三。有時他引證邊裔典之文，而用紀錄彙編獨有的「瀛涯勝覽集」標題。（通報第二集二册三五〇頁）

註三　我後此所說天一閣一八一〇年尚存的一部寫本，應含有馬歡之書，因爲其中有一四一六年的序文，可是現在這部寫本不知存佚，藤田豐八在所撰島夷志略校注（雪堂叢刻本五七頁）舊港（Palembang）條下，引有一部同紀錄彙編刻本不同的「瀛涯勝覽舊抄本，」然而他未言其出處。我們不能說此本就是一八一〇年尚存天一閣之寫本，因爲藤田引證天一閣本星槎勝覽時，輒標明出處，而對於這部瀛涯勝覽古本，並無相類之標明也。

註四　我後此對於一部十五世紀或者存在的刻本，同言及此刻本的後序，尚別有說。

註五　祁承㸁浙江紹興人，一六〇四年進士，是一個大藏書家。可參考藏書記事詩三卷五五至五七頁。尤應參考通報二十三卷（一九二四年刊）一九三頁。他的書目，紹興先正遺書中有刻本，卷首有一六〇三年同一六二〇年兩個年代，編纂時應在後一年代前後。我所引之說見三卷二十頁。

註六　世人可以想到彙刻書目記錄容有脫漏，因爲此書既名「百名家書」，應有百種，乃彙刻書目僅著錄有九十八種也。可是同一目錄並見於祁承㸁的書目，（十一卷十頁，）數目次序皆同。又一方面不能說祁承㸁的書目偶然遺漏，因爲祁承㸁的書目未舉卷數者，彙刻書目反有著錄，足見其不是抄錄澹生堂書目的。如此看來，祁承㸁所藏的百名家書，並無瀛涯勝覽。

註七　我以爲此目錄是從澹生堂藏書目直接或間接錄入彙刻書目卷二的。

但是此文脫稿之時，我在巴黎漢學院獲見一部勝朝遺事本。從前我僅知勝朝遺事之名，而不詳其內容。茲檢這部叢書，見有馬歡行記之文，大致出於原本，不是張昇的改訂本。勝朝遺事是一部叢書，分爲二集，一八四二年吳彌光輯刻，（參考彙刻書目二卷三八頁。）此人是著名文人吳榮光之弟，叢書前有一八四二年所撰序文，其中不少版片漫漶遺失。一八八三年宋澤元又重爲補刻，我所見的就是這部一八八三年本。本標題僅作瀛涯勝覽，下題撰人馬歡的名稱，無古今序跋。（鈞案勝朝遺事本瀛涯勝覽前有一四一六年序，伯希和偶失檢。）這部刻本本身不是一種經過校刊的刻本，可是他的重要點，就在其不本於紀錄彙編本。我們不知道他所本的是何種寫本，然而可以斷言其必不是藤田所說的舊抄本，因爲藤田未見勝朝遺事本也。勝朝遺事本所根據的寫本，常有錯誤。其經文人改竄之處，更較紀錄彙編卷六二之文爲甚。可是此本仍保存有不少很好的異文，我既在事後得見此本，所以將這些異文追記於括弧之中。

改訂本比較原本內容簡略，文體雅潔。在紀錄彙編總目錄中題作，「改正瀛涯勝覽」，而在卷六三中題作「瀛涯勝覽集」，註一撰人並作張昇。昇江西南昌人，一四六九年進士，正德（一五〇六至一五二一）時致仕。死後其子在一五二二年刊其文集，末附其改訂之瀛涯勝覽。四庫總目之纂修人曾見此本，（見四庫總目一七五卷五六頁，）然我同兌溫達皆未見之。註二

註一　兌溫達（五頁及九頁）釋瀛涯勝覽集集字之義作「概要」而以為一般採用之張昇瀛涯勝覽標題錯誤。其實集字之義並不訓作概要。觀四庫總目（一七五卷五六頁）所誌張昇子所刊一五二二年之標題，似僅為瀛涯勝覽，祇有紀錄彙編卷六三題作瀛涯勝覽集，乃在總目及其他諸本中並作瀛涯勝覽，想一五二二年本標題亦同也。

註二　兌瀛達（六至八頁）對於張昇事蹟已言其概要，至若一五二二年的刻本，吾人敢斷言今見張昇本中之誤，在此本中多半必早有之。因為有部皇明四夷考，應是一五五二年刊本，鄭曉撰，今作吾學編卷六七至卷六八者，曾採用張昇本瀛涯勝覽之文，而張昇本中之特有錯誤，四夷考中亦有之。（比方占城條誤「昔嚟」作「芳嚟」。舊港條「北臨大海」作「西北濱海」，及施進卿作施進之類。）在一五二二年及一五五二年間，吾人既未見張昇文集重刻的痕跡，由是可見此類錯誤在一五二二年的刻本中必早有之。

除開一五二二年的刻本外，張昇的瀛涯勝覽並為下列諸叢書所收入：

（一）寶顏堂祕笈中之彙祕笈註一　寶顏堂是陳繼儒（一五五八至一六三九）藏書之所，這部叢書是繼儒所輯，由沈德先刊行。第一集在一六〇六年出版，別二集在一六一五年出版，澹生堂藏書目（十一卷十三頁）

所誌者祇止。第四集出版於一六二〇年。至若彙祕笈出版之年，應亦在一六二〇年前後。總之要在紀錄彙編或然的出版年一六一七年之後，這些材料皆是我從前得之於遠東法國學校所藏此書原刻本者。可是今日祇見有一九二二年文明書局的重刻本，此本極劣，原本中刊行刻版的人名並皆脫落，可是加了句斷。我從前曾將寶顏堂祕笈本同紀錄彙編本對校，有若干很有關係的異文，將來隨時引用。其標題作「亦政堂訂正瀛涯勝覽，」亦政堂疑是沈德先的堂名，下題「稽山馬觀撰記，盱江張昇刪述，繡水郁之驥藏校。」由是可見此處改馬歡爲馬觀，這些託名於陳繼儒的刻本極劣。

註一　兌溫達（七頁）根據恆慕義之說，誤寶顏堂作寶顏室，並誤分寶顏堂祕笈同彙祕笈爲兩種刻本。

（二）續說郛或說郛續弓二十五　關於這部刻於一六四六至一六四七年間的叢書者，可參考通報第二十三卷，（一九二四年刊，）二〇五至二〇六頁，收輯頗爲冗濫。其瀛涯勝覽下題「稽山馬觀，」與寶顏堂祕笈題名同，而其內容亦幾盡與寶顏堂祕笈本相符。可是這部刻於一六四六至一六四七年間的續說郛，我們不能確定其輯於何年，由是不敢斷定其簡單鈔的是寶顏堂祕笈本。

（三）廣百川學海　這部叢書舊題馮可賓編，可賓是一六二二年進士。四庫總目（一三二卷二一頁）說是此書賈於正續說郛印版中抽取一百三十種，別刊序文目錄，改題此名，託言出於可賓，我對於此說未敢信其必是。此書印版固與正續說郛印版相同，也是每葉九行，行二十字，可是正續說郛標題下僅題撰人名，而廣百川學海則於撰人名下別題明人某「閱」。大藏書家黃虞稷（一六二九至一六九一）在千頃堂書目（適園叢書本十五卷十五頁）中，業已著錄有馮可賓的廣百川學海。四庫總目雖有書賈抽印之說，近代的學者之轉錄廣百川學海的目錄者，楊守敬在叢書舉要（四六——二六至三三頁）中，羅振玉在續彙刻書目（戊——十四至十八頁）中，沈乾一在叢書書目彙編（二〇七至二〇八頁）中，並著錄其出於馮可賓。此外廣百川學海中有「解酲語」一書，似未爲正續說郛所收，皆可反證也。楊羅沈三氏所錄瀛涯勝覽目錄標題並作瀛厓勝覽，撰人盡作馬歡。乃考續說郛實作瀛涯勝覽同馬觀。如能證明楊氏對此兩點確然不誤，倒是一個確定的證明。不幸廣百川學海的三篇目錄雖然相同，似乎不甚可靠。註一　巴黎漢學院所藏的一部廣百川學海中版片頗有抽換，應包含瀛涯勝覽的那一輯完全代以續百川學海版片相同的一部份，註二　則應取國會圖書館好像藏有的那一部，詳細審查，實有其必要也。註三

註一　一切叢書書目皆是根據諸本總目倉卒編纂的，除各目自有的錯誤外，有時還加增些新誤。所以彙刻書目（十四卷十五頁）的續說郛目錄，書題作瀛厓勝覽，撰人名作馮觀。楊守敬的目錄（五二——十八頁），繼以沈乾一的目錄，則作馬觀，與續說郛同。可是書題仍作瀛厓勝覽。至若續說郛的目錄雖然漫漶，書題中倘作「涯」字，而在本文中也是始終作「涯」。又如寶顏堂祕笈的目錄作馬觀，而彙刻書目，楊守敬書目，沈乾一書目，並作馬歡，皆其證也。

註二　續百川學海有兩種刻本，中有一本與楊羅沈三氏之目錄不符。巴黎漢學院所藏廣百川學海本，就是取此本中的著作來補其闕。這些闌入廣百川學海的著作，中有松漠紀聞，皆非廣百川學海所應有者。

註三　楊羅沈三氏所刻的廣百川學海書目，僅列有著作一百二十八種，四庫總目則言有一百三十種。楊氏所錄書目乙集中有空白二行，

羅沈二氏書目未將此空白保存。其實這兩行空白就是清朝抽燬的兩部禁書，一部是天都山臣的女直考，一部是蕭大亨的夷俗記。巴黎漢學院所藏廣百川學海的目錄，此二標題尙存集中且有夷俗記之文。如此看來，四庫總目的編纂人所見者應是一部未曾抽燬的廣百川學海本，則應將此二書加入我們所刊布的目錄之中。此外我在正續說郛中未見有此二書，則在一六四七至一六四八年間賈言之在清朝時，此二書未曾收入說郛之內，更不能在後來抽取印版，改頭換面別題新名。根據這種論證，可以位置廣百川學海收輯之時在明末，同今本正續說郛毫無關係也。

(四)天下名山勝概記卷四十三（計有二十四頁）　這部叢書共有四十八卷，圖一卷，附錄一卷。四庫總目七十八卷，六至七頁，省題曰名山記。並參考莫友芝書目（五——二九頁），澹生堂藏書目（二〇九至二一〇頁），僅按省分卷，未言其所輯者爲何種著作。這部叢書來歷不明，顯是出於坊賈之手，所附之圖似刻於一六三三年者。莫友芝因承認此書刻於明時，嗣後有人抽取其一部份印版，別印一書，名曰臥游編。巴黎漢學院現藏有天下名山勝概記一部，其中瀛涯勝覽本錯訛之文，與寶顏堂祕笈本，續說郛本固有者相同，並增加有其他新誤。如此看來，此本不出於紀錄彙編本，其中可採之處甚微。註一

註一　兌溫達君（九頁）說有一部瀛涯勝覽本在十五年前經羅振玉君刊布，謂得此說於我，這種誤會好像我要負其責任。兌溫達君在一九三一年十月十六日曾寫信給我，說到他在研究瀛涯勝覽。我當時適有遼東之行，倉卒中曾將新近刊行之寫本告之，然誤作瀛涯勝覽，其實是一部星槎勝覽。後此我對於這部星槎勝覽別有說明。

(五)張昇改訂的瀛涯勝覽，　大部份業已轉錄入「圖書集成邊裔典」中，兌溫達用以對勘羅克希耳所譯

張昇本之文者，就是僅據邊裔典轉錄之文。註一

註一　根據兌溫達幾段說明，可以知道他所用的是邊裔典之文。至若他在第八頁轉錄並翻譯的張昇序文，好像是得之於恒慕義者。羅克希耳本人所用的張昇本，據羅克希耳說是一部無序跋年月的刻本，他以爲是明末的刻本。根據恒慕義說，（兌溫達書九頁，）此張昇本必爲紀錄彙編所收本無疑，我卻以爲不然；理由有數：一者，紀錄彙編中的張昇序，同頁接着刻的是占城（Champa）條，顧羅克希耳所見本無序，然有占城條。一者，羅克希耳所見本之 Cochin 條中（四五一頁，）有「白綠（或緣）四手，」乃考紀錄彙編本，則作「白緣四末，」（僅有紀錄彙編本如此，）世人可以想到他所用的是寶顏堂祕笈本或續說郛本，因爲這兩本在此段中末一字亦作「手。」可是因爲寶顏堂祕笈卷首的標題，足證羅克希耳顯然未見此本。所餘者續說郛一本，可是此本同寶顏堂祕笈本一樣，題撰人曰馬觀，寫 Cochin 之名作阿枝。不作柯枝。顧羅克希耳未言其本撰人作馬觀，而寫國名作柯枝，別無說明。（四四九頁，）然則是他所見的本子與我所指出的諸本不同，抑或他自動改正其本之誤呢？我想第二說是對的，並以爲羅克希耳所譯的是續說郛本，然不能保其必是。祁承㸁的目錄著錄瀛涯勝覽的原本以後，又著錄有張昇的改正瀛涯勝覽一卷，據說此本在下列版本中有之：（一）張昇文集，（二）紀錄彙編，（三）百名家書，（四）古今說海，（澹生堂藏書目三卷二十頁，）這四部版本祗有前二種是對的，後二種同他對於瀛涯勝覽原本所說的情形一樣，也是誤將星槎勝覽同瀛涯勝覽混而爲一。

除開張昇外，明人採摭瀛涯勝覽的，爲數不多。祝允明（一四六〇至一五二六）所撰的前聞記，（紀錄彙編卷二〇二的刻本，三六至三七頁，）名之曰「瀛涯一覽。」一五二〇年的西洋朝貢典錄，採錄瀛涯勝覽原本之文不少，在序文中省稱之曰「瀛涯，」並常著錄馬歡之名。（序文中，錫蘭條末等處，）一六〇六年時；徐渤對於他所見的一部瀛涯勝覽寫本撰有題跋，註一 據說此本分二卷，所記凡十八國，尚無刻本，撰人是會稽馬歡。註二 最後傳

是樓書目（史部六三頁）著錄有馬觀的瀛匯勝覽，匯字必是涯字之誤。（歸有光的震川集（四部叢刊本卷五）有瀛涯勝覽跋，說一五五九年在友人周孺允家見此書，然未言撰人名。）

註一　見繆荃孫重編「紅雨樓題跋」（一——十二至十三頁，）

註二　一六〇六年無刻本的話是不對的因爲張昇本已在一五二二年印行也分爲二卷之說亦可異或者誤以一卷作二卷。瀛涯勝覽足本目錄實有二十國，而此作十八國者，因爲那孤兒國附見蘇門荅剌（Sumatra）後，而張昇本無天方（Arabie）條也。如此看來，徐𤏲所見本就是張昇本的一部鈔本。

關於瀛涯勝覽原撰人的名稱，我們所見諸本或作馬歡，或作馬觀，因爲四庫總目亦作馬觀，由是成爲定名。註一　但是四庫總目的編纂人僅見過張昇本，而且是一部很壞的刻本。註二　我們要知道一六一七年的紀錄彙編，就是兩本很好的來源，撰人皆作馬歡。此名在一五二〇年的西洋朝貢典錄中凡兩見，復在此後將說到的一部迄今尚未有人指出的一本中，亦作馬歡，好像馬歡的寫法是對的，世人或者還有一個考證明確之方法。註三　有一篇不著撰人名的後序，（參考兌溫達書十一頁，）謂馬歡字宗道。中國人的名與字，意義大致相通，這是世人所知道的，註四　可是我尚未能發現此字同馬歡或馬觀之名有何關係。此外這篇後序說馬歡的合撰人姓郭字崇禮，（吾人未詳其名，）這個崇禮同宗道的意義，幾乎可以相通。

註一　兌溫達（十一頁）檢尋中國人名大辭典，此名亦作馬觀。

註二　由馬觀的名稱，具見其所見者非紀錄彙編本。四庫總目說馬觀不知何許人，殊不知寶顏堂祕笈同續說郛的題名，皆曾指明其里貫。

此外四庫總目所列舉的國名，寫柯枝作阿枝，與寶顏堂祕笈續說郛的寫法相同。可是這兩部叢書寫的「黎伐」，四庫總目則作「黎代」。黎代的寫法是對的。又如忽魯謨斯在一切張昇本中末一字並作「廝」，然四庫總目則作「厮」，如此看來，四庫總目的編纂人所見之本，倒是我未見的一種刻本，或者就是廣百川學海本。復次四庫總目編纂人所見之本同羅克希耳所譯之本，不得同爲一本，因爲羅克希耳所譯本尙不能定爲何本，而在此本中國名作黎伐，而不作黎代也。（參考羅克希耳書一四六頁註一）

註三　千頃堂書目（八卷十五頁）著錄瀛涯勝覽兩本，前一本撰人名作馬歡，明史（九七卷十二頁）因之，然此非黃虞稷的新訛，應是本於紀錄彙編者。

註四　這種考訂名與字的良法，有時令人失望。比方讀書敏求記校證（卷二之上二十九頁）根據「明仲」之字而決定人名「李誠」而非「李誡」，其實其人名李誡也。

有一文未經兒溫達引證者，更使此問題複雜。澹生堂藏書目（三卷二十頁）著錄瀛涯勝覽原本撰人名作馬汝欽，不得謂「汝欽」爲「歡」字或「觀」字之誤也。如此看來，汝欽應爲其人之字，然而我亦不明此字與人名之關係。此馬汝欽之著錄他處未見。祁承㸁說瀛涯勝覽附有「瀛涯記行詩」，質言之每國繫以詩篇，第在吾人所見諸本中未見此「記行詩」。可是祁承㸁之說不能謂爲無據，因爲他著錄的瀛涯勝覽初印本是「說鈔」本。我前此對於這部叢書僅舉其名，未附說明，這部「說鈔」就是「古今說鈔」，好像業已散佚，諸叢書目錄皆未著錄有這部叢書的目錄。祇有澹生堂藏書目（四一卷十四頁）著錄有一篇不完全的目錄。祁承㸁對於這部叢書如何採輯，並無一言及之，我亦未詳。據此目錄，有書二十八種，其中即有瀛涯記事詩，好像瀛涯勝覽本書未曾收入

「古今說鈔」之內。澹生堂藏書目（三卷二十頁）在此點上，如同在其他不少諸點上，皆不免有誤也。可是祁承㸁將瀛涯勝覽抄入國朝徵信叢錄之時，曾將瀛涯記行詩附於其後，亦有其可能。或者祁承㸁就在瀛涯記行詩中見有馬汝欽的名字，遽以之爲馬歡的名稱。至若這些詩篇，亦無足異，因爲星槎勝覽中亦有相類之情形也。

紀錄彙編本前有序後題「永樂丙申黃鍾月（一四一六年十一月十九至十二月十八）會乩山樵馬歡述，」此序業經羅克希耳翻譯，（七二至七三頁，）惟譯文多誤。序後繼以七言詩，後題「會乩山樵馬歡。」書末及後序前，別有題曰，「景泰辛未秋月望日（一四五一年九月九日）會乩山樵馬歡述。」註一

註一　此處之會乩，祇能爲會稽之俗寫，然則馬歡是會稽人矣。馬歡瀛涯勝覽刻本（紀錄彙編卷六二）中常用俗體字，如乾字作干，（十頁之干淨，四二頁之齒𪗇干乾干）尙勉強可解。然稽字作乩，向所未見，此種俗字不見於一九三〇年刊劉復李家瑞合撰之宋元以來俗字譜。

這個序題的一四一六年，同書末題的一四五一年，顯有牴牾。羅克希耳（七一至七二頁）曾以爲序文不得爲一四一六年者，因爲永樂皇帝歿於一四二四年，在一四二五年始上廟號曰太宗，乃序文中稱永樂帝曰太宗。此外在舊港條中記述一四二四年之事，於是他假定此題爲一四一六年的序文，實爲張昇所僞撰，遂將這部改訂本位置在一四三六至一四三七年以後。至若馬歡的原本，他以爲撰於一四二五至一四三二年之間，兌溫達（四頁）曾轉錄羅克希耳這兩條糾誤之說。其中一說不能謂爲完全正確，蓋上永樂廟號之時，不在一四二五年，實在

一四二四年十月二日也。（明史七卷五頁，）

詳細研究此項問題以前，應該言及尙有一書亦載有此一四一六年序文者。考一八一〇年范氏天一閣書目，（二卷十九至二〇頁，）著錄有三寶征彝集註一鈔本一卷，據說卷首有會稽樵馬歡序，題年是一四一六年，並引了序文一大段。其中卽見永樂的廟號，島彝誌的著錄，同馬歡名其書曰瀛涯勝覽等語。如此看來，天一閣叢書所著錄之本，好像是原本瀛涯勝覽的一種寫本，（內容或者不同，）同紀錄彙編的刻本沒有關係，可是天一閣的藏書大半散佚，現在所存之書，我又無新編書目可考，此本之存佚未可知也。〔一九三二年金陵大學刊行的陳登原天一閣藏書考，不復著錄這部寫本。〕

註一　寫夷作彝，其例頗不少見。至若「三寶，」應是鄭和的俗稱。然在明史卷三〇四，及其他諸書中，皆作「三保太監，」殆以寶保二字讀音相同，因而互用。我實不明此別號之起源，好像不僅鄭和獨有此號，明史卷三三一中有一太監，曾在一四一三年一四一四年一四一九年屢次奉使至尼八剌（Népal），及西藏（Tibet）諸法王所，此人名楊三保。當時奉使的太監有一人名楊敕，（疑是楊敏之誤）我想他同楊三保不是一人，或者此三保之稱在明初時爲若干太監的別號。總之，後來民衆習稱的三保太監，祇有鄭和一人。則若有一鈔本標題中有三保二字，雖有一四一六年馬歡的序文，似指鄭和無疑。（據格倫威耳德書一七〇頁，爪哇故事相傳，祇知有一王三保，蓋與王景弘相混也。）意者此別號原作三寶，一訛而爲三保，或者三保太監原爲楊三保之稱，其人數次奉使西藏之時，適當剌麻教盛行中國之年。嗣後經鄭和襲用，功大而名重，遂使後人祇知有鄭和，不知有其他奉使外國之中官歟?

現在請言這篇一四一六年的序文：此序文據吾人所知，有兩書載之。兌溫達從羅克希耳之說，認作僞序，以屬張昇，惟移張昇撰序之年於十五世紀末年或十六世紀初年。兌温達並以爲紀錄彙編本中之七言詩而題馬歡名者，亦爲張昇所撰。他的根據則在其文體較本書爲雅潔，而且張昇曾作七言詩也。又據兌温達之說，根據本書末尾的題年，此書應成於一四五一年，刻版時間應在其後不久，其原序應是紀錄彙編本後未題年月撰人的後序。張昇僞撰一四一六年序文時，意思多本舊序，自是以後，遂以僞序置於卷首，移原序於書末。

這部書顯然經過若干修改，可是我的見解同兌温達君不同。若要明瞭，必須首先對於紀錄彙編中馬歡原本的後序，略言數語。此後序麥耶兒思同格倫威耳德業已見過，可是兌温達是第一個翻譯全文的人（十一至十二頁）後序末未題撰人及年月，其文略云：「余少時觀異域誌而知天下輿圖之廣，風俗之殊。……今觀馬君宗道、郭君崇禮所紀經歷諸番之事實，始有以見夫異域誌之所載信不誣矣。崇禮乃杭之仁和人，會乩山樵宗道，皆西域天方教，實奇邁之士也。昔太宗皇帝（永樂）勑令太監鄭和統率寶船往西洋諸番開讀賞勞，而二君善通譯番語，遂膺斯選，三隨輧軺。……而遠造夫阿丹（Aden）天方（Arabie），凡二十餘國。……皆錄之於筆，㪅而成帙，其用心亦勤矣。二君既事竣歸鄉里，恆出以示人，使人皆得以知異域之事也。崇禮尙慮不能使人之盡知，欲鋟梓以廣其傳，因其友陸廷用徵序於予，遂錄其梗概於後云。」

我的譯文同兌温達的譯文在兩點上不同：一點，兌温達以爲後序僅言 "report of foreign countries"，並以爲一四一六年的序文是張昇僞撰，蓋用此泛稱欲將島夷志加入，質言之，欲將汪大淵的島夷誌略（註一）加入。

殊不知這篇佚撰人名的後序所指的異域誌，實確有所指。此異域誌似非現藏 Cambridge 的異域圖志，而經 Moule 在通報第二十三卷一七九至一八八頁中言及者；乃是四庫總目七十八卷十二至十三頁所著錄原名嬴蟲錄的異域志一卷。註二 又一點，兌溫達以爲序尾「錄其梗概於後」一語的解釋，是郭崇禮曾徵序於陸廷用，而崇禮自是以後曾鈔錄此書之概略。殊不知後序中所言者，是馬歡的全書，並不是一種概略 (outline)。錄其梗概於後者，蓋由撰此後序的人錄其梗概於原書之後也。如此看來，紀錄彙編本之後序，確爲一種後序無疑，並不是張昇僞撰一四一六年的序文，而將原序移於原書之後。

註一　關於此書者，可參考羅克希耳書六一至六九頁。兌溫達轉錄羅克希耳之一段，以爲此書成於一三四八年，其實此書之成，不能在一三四九年終或一三五〇年初之前也。就是羅克希耳在別一段中已見及此，（六二頁註一中之「一二四九」年，乃爲「一三四九」年排印之誤。）

註二　此異域志曾輯入夷門廣牘，四庫總目的批評不甚正確，然而不能在此處詳細討論。

至若說馬歡文筆不佳，而須請人作序同詩的話，我也不以爲然。後序謂馬歡郭崇禮皆天方教奇邁之士，此語不能說這些信奉天方教的中國人不能閱讀島夷誌略。其實序同詩並不深奧，不能說馬歡不能自撰，而須求之於名士如張昇者也。中國文籍中代人撰詩撰序，固常見之，但此非其例。後序說馬歡郭崇禮三隨鄭和往西洋諸番，顧鄭和第三次奉使歸時在一四一五年，初視之，好像馬歡郭崇禮二人隨着鄭和作過頭三次的旅行，及至一四一五年歸後，撰成此書而馬歡題名於一四一六年的序後。其實不然，前序明言一四一三至一四一五年間鄭和奉使諸番時，馬歡「亦被使末」，則馬歡在此時爲初次之旅行，想郭崇禮亦在同行之列。如此看來，一四一六年的序文所言者僅一四一三至一四一五年間一次旅行之事，卷前詩所言者亦此時事。然則何以在一四一六年的序文中能見太宗廟號呢？解釋這個理由也很簡單，因爲瀛涯勝覽在一四一六年後續有所增，或者曾經增補兩次。第二次在一四二四年之後，所以馬歡在序中加入永樂皇帝的廟號。

現在我來證明一四一六年以後增補之說。羅克希耳已曾在舊港條中見有一四一五年後的事蹟，還有他未見到的。案瀛涯勝覽的原本同改訂本中，皆有阿丹祖法兒（Djofar）兩條，又原本中獨有天方（Arabie, La Mecque）條。顧中國使人僅在一四二一至一四二二年的旅行中到過阿丹祖法兒，僅在一四三一至一四三三年的旅行中到過默伽（La Mecque）。反之，瀛涯勝覽未述非洲東岸諸國，足證馬歡未至其地。又案馬歡的卷首詩，以忽魯謨斯爲旅行終點，可見他撰此詩於一四一三至一四一五年間第一次旅行之後，所以一四一六年的前序僅言馬歡第一次隨使之事。後序說他同郭崇禮「三隨輶軺」，其餘兩次的旅行，應該是一四二一至一四二二年，同一四三一至一四三三年兩役。或者在一四二一至一四二二年旅行之後，加入阿丹祖法兒兩條，在一四三一至一四三三年之後，又加入天方一條。張昇的改訂本中既無天方條，或者是他所見的那部寫本是一四二一至一四二二年後的，同一四三一至一四三三年前的寫本。或者是他所見的本子不全，末尾闕佚，吾人以爲後說似近眞

相。註一

註一 兌溫逵（十頁）謂張昇因爲一箇回教撰述家頌揚一箇外國過度，所以將這一條刪除，我想兌溫逵對於此條的價值不至有此誤解。瀛涯勝覽諸條之不上溯至一四一六年時者，若是我後來研究馬歡巡歷之時不錯的話，還須加入榜葛剌（Bengale）一條。

我以爲郭崇禮想刊行的並託其友陸廷用轉徵後序於人的那一本，是一部包括天方條的全本，是在一四三一年至一四三三年旅行後補訂的那一本。我的推測要是不錯的話，張昇未曾見此後序，因爲他所見的那一本是脫漏後文之本也。陸廷用未詳爲何許人，廷用疑是字而非名。吾人亦不知郭崇禮之名爲何。註一 根據後序，固說他同馬歡合紀經歷諸番之事，但是不可過信其詞。這個佚名撰後序的人因友人徵序而爲撰此後序，他同馬歡必無關係，當然對於他朋友的朋友不免有所推挹。然在我們看起來始終題名的既是馬歡，可以承認曾將他同一個同教人經歷諸番之事錄之於筆的，就是馬歡本人。

註一 有一中官名郭文，曾在一四一六年往使暹羅（Siam），（明史三二四卷七頁，）閹人鄭和如果是一回教徒，也可假定這兩箇回教文士馬歡郭崇禮也是閹人。

就種種外表說，後序所說的那部刻本，必已出版。纂輯紀錄彙編的沈節甫所得之本，殆是此本，抑是此本之一鈔本，然則應位置此刻本於何時歟？此本卷末的後題「景泰辛未（一四五一）秋月望日會乩山樵馬歡述」，一行，似可給與一個完滿的答復。馬歡刻本之年應是一四五一年，「述」字固然不能作「印」字解。顧此本在一四三一至一四三三年旅行後，已成全書，郭崇禮卽在此一四五一年「鋟梓以廣其傳」也。如此看來，瀛涯勝覽的初印本，就是一四五一年的刻本，可是這部初印本世人久已不復見矣。

（二） 星槎勝覽

星槎勝覽的沿革，一直到最近幾年，似很簡單。世人祇知道有一部四卷本，就是一五四四年陸楫所輯的古今說海本。註一 此本又重刻於一六一七年的紀錄彙編卷六一中，合爲一卷，註二 並刻於學海類編及借月山房彙鈔（亦名澤古叢鈔）兩部叢書之中，仍分四卷。諸刻本前並有撰人費信的一四三六年序，羅克希耳在一九一五年通報中有譯文，然譯文不佳。註三 其實星槎勝覽留傳的經過錯雜不明，同瀛涯勝覽一樣。四庫總目未著錄有星槎勝覽，不能幫助吾人解決這件問題。註四 還有兩部舊刻本，一部是約在一六一七年的紀錄彙編前後刊行的刻本，一部刊行的時間或者微後，這就是百名家書同格致叢書的刻本。我們祇知道這兩部刻本是一卷本，好像與紀錄彙編本相同，然並不本於紀錄彙編本。註五

註一 羅克希耳（七四頁）誤名編輯人曰陸楫思，其人實名陸楫，字思豫，僅爲編輯人中之一人，然我不欲在此說明古今說海的沿革也。此一五四四年的刻本頗稀，從前我爲巴黎國民圖書館購有一本，甚佳，卽是翁方綱的藏本。一八二一年重刻有古今說海本，然版本甚劣。一九一五年又有中華圖書館覆印一八二一年本的活字本，亦劣。

註二　從前我曾將古今說海本同紀錄彙編本校勘了一大部份。分卷雖各有不同，可以說這兩本的內容沒有甚麼有關係的異文。紀錄彙編本雖合爲一卷，然卷首目錄仍同通行本分爲四卷。根據錢謙益（一五八二至一六六四）的絳雲樓書目，（粵雅堂叢書本一卷三三頁）歸有光（一五〇六至一五七一）曾言星槎勝覽詞多鄙蕪。陸深（一四七七至一五四四）家刻古今說海中稍加删潤。說海乃深子楫所刊，與深無涉。案古今說海本確非原文足本，第若承認歸有光之說，則應承認沈節甫曾取此删潤本載入他的紀錄彙編之中，因爲此兩本之文實際相同也；然而我不敢盡信此說。總之，星槎勝覽確有兩本，而此兩本在陸楫前，甚至在陸深前，早已有之。（後檢震川集卷五，見歸有光在一五五九年對於星槎勝覽的跋語，與錢謙益所引者同，別無他語。）

註三　兌溫達未曾研究星槎勝覽，因爲他說（十四頁）未見此書也。

註四　可是四庫總目（七九卷十五頁）在禮部志稿題要中言及星槎勝覽，乃對於此書不特未曾收錄，且未存其目，未免可異。藏書家章鈺在他所撰的讀書敏求記校證（二之下二十九頁）中見着星槎勝覽的著錄，曾疑是瀛涯勝覽的異名，幸而在後面記校補遺中改正其前說之誤。

註五　百名家書的刻本，已見濟生堂藏書目（三卷二十頁）著錄，紀錄彙編本同古今說海本亦然。百名家書是胡文煥所編，前此已經言及，其目錄不題撰人名。格致叢書亦胡文煥編，（參考四庫總目一三四卷十四至十五頁）在萬曆天啓間，質言之在十七世紀最初二十五年間，陸續出版。彙刻書目（四卷二三至四〇頁）僅有一篇分類的目錄，然邵懿辰的四庫簡明目錄標注（十三卷二十二頁）說有初編四十六種，二編三百四十種，初編較佳。叢書書目彙編（三三七至三四一頁）列舉兩編的目錄，（第二編目錄似錄自彙刻書目。）顧濟生堂藏書目（十一卷十頁）僅著錄有第一編的書目，可以推想第二編之印行約在一六二〇年後。星槎勝覽一卷卽在此第二編中，可是題撰人不作費信而作鄭和，此種謬誤在前刻的百名家書中必早有之，因爲此二叢書皆胡文煥所編也。好像所用的就是同一版片，然則可想這些刻本中無費信序文矣。

通行諸刻本的序文後題「正統元年丙辰春正月吉日（一四三六年一月十八日）臣費信稽首謹序。」觀此後題，可以假定此書是進呈皇帝之書。書名星槎勝覽，尤可參證。序文本身頗乾燥無味，與馬歡所撰一四一六年的序文相差甚遠。序文開始頌揚自洪武以來歷朝皇帝的德威，言及永樂時，則云：「屢命正使太監鄭和王景弘侯顯等開道九夷八蠻。」費信說到自己，則云：「臣本吳東鄙儒，草茅下士。以先臣戍太倉，未幾而蚤世，子是臣繼戍役。註一至永樂宣德間，選隨中使至海外，經諸番國，前後數四，二十餘年。歷覽風土人物之宜，采輯圖 註二 寫成帙，名曰星槎勝覽。」

註一　古今說海紀錄彙編借月山房彙鈔三本之文如此，惟紀錄彙編本「以」字作空白。參耶兒思（中國雜誌三卷二二四頁）以「先臣」作先父解，實亦有其可能，然則紀錄彙編之空白非闕文矣。可是我仍懷疑：案「蚤世」常指某人未壯而死，則不應適用於父。觀後此所引別本星槎勝覽的序文，在此處則作「先兄」，意者紀錄彙編之空白非闕文，合下文似應作「先臣兄戍太倉」，或「臣先兄戍太倉」也。

註二　羅克希耳躊躇之下，終以「圖」作地圖解，並曾考究此種地圖是否為弗力卜思在王立亞洲學會北華支部報第二十冊及第二十一冊中所研究的十五世紀地圖之原本。兌溫達（二一至二二頁）則以此處之圖非地圖，而為繪畫。參耶兒思早已作此解，我意亦然。可是在後來所說的別本星槎勝覽序文中，並未說到地圖，亦未說到繪畫，但此非言弗力卜思所言的地圖與鄭和的旅行毫無關係也。藤田豐八在他的島夷誌略校注中，竟名此圖曰「鄭和航海圖」，我頗信鄭和旅行之時已繪此圖，又因種種理由，我很相信此圖的原本就是一張阿剌璧（Arabie）人航海的地圖，兌溫達亦已有此感覺也。可參考費瑯（G. Ferrand）撰「阿剌璧人及葡萄牙人行程針位編」第三冊（一九二八年刊）一五七頁。羅克希耳翻譯島夷誌略時，尚不知羅振玉雪堂叢刻第二編中有藤田豐八遺部重要的校注。

費信之書所記諸國，凡並見馬歡的瀛涯勝覽者，其明確及其重要皆不及瀛涯勝覽。惟費信曾告訴吾人，他在一四三二年曾至爪哇國（Java）及翠藍嶼（Ni·ol·ar）。非洲東岸幾國的記錄，祇有星槎勝覽有之。餘文幾盡採摭於一三四九至一三五〇年間的島夷誌略者，有時還加了些奇怪的誤解。羅克希耳有時見及，然不常見及，他所未見的那部別本星槎勝覽，表示費信脫胎於島夷誌略之甚，更爲羅克希耳夢想所不及者也。

上文所說的那部別本星槎勝覽，我們應該早已知道。潘相的「琉球入學見聞錄」（一七六四年頃）在所引關於琉球的撰述中，有星槎勝覽。就在明代時，陳侃的使琉球錄（紀錄彙編本六六卷三二頁）中，亦引有關於琉球的紀事一大段，謂出星槎勝覽。（並參考吾學編六七卷二四頁，）乃檢通行本星槎勝覽，無琉球條。又一方面，明史（九七卷十二頁）著錄有費信的著作兩部，一名星槎勝覽集二卷，一名天心紀行錄一卷。明史藝文志採錄千頃堂書目的紀錄不少，此處亦然，不過删節其文而已。考千頃堂書目（八卷十五頁，）著錄「費信星槎勝覽前集一卷，後集一卷，又天心紀行錄。」註一 註云，「字公晚，註二 太倉衛人，永樂中從鄭和使西洋，記所歷之國。」

註一　此書在他處未見著錄。

註二　此字疑誤，後引之文作公曉。

現在有部影印舊抄本的小册子，就是這部二卷本。此本未題出版年月，亦未言此抄本的來歷，出版時最晚應在一九一七年，因爲我購得此本時就在是年也。羅振玉君在後來所輯刊的序跋中，雖無關於星槎勝覽的序跋，我在當時應該知道此本是他印行的。因爲一九三二年他出版書的目錄中，有明費信星槎勝覽二卷，足本，天一閣藏明抄本，一册價二元二角。又有星槎勝覽一册，價五角。註一 如此看來，我將說的這部影印本，就是天一閣的一部抄本。我在前面曾引過羅振玉雪堂叢刻第二編中所刻的藤田豐八島夷誌略校注，其中常引有天一閣本星槎勝覽之文。註二 顧藤田的校注未題年月，雪堂叢刻亦無刊行年月，我不能說藤田用的是天一閣鈔本抑是羅振玉君的影印本。總之藤田所引天一閣本的錯誤，並見於我現在所用的影印本中。註三

註一　我很悔未能即時注意到這第二部刊本，致不知其爲何本，或者就是影印本的一種排印本，所以其價較廉。

註二　島夷誌略校注七一頁引有此本，而名之曰「星槎勝覽守山閣本」，殆是排印之誤。無論如何，守山閣叢書中無星槎勝覽本也。

註三　我不知道天一閣這部鈔本的來歷，纂修四庫全書時，天一閣進呈諸書中無此本。又一方面，一八一〇年刊行的天一閣書目雖著錄有一部星槎勝覽鈔本，（天一閣書目二之二，四一頁，）然爲四卷本。如此看來，應是習見本。（天一閣藏書考不復著錄有這部星槎勝覽寫本。）

這部影印的鈔本錯誤很多，然不因此失其重要。卷前有序，序後題「正統元年龍集丙辰春正月朔日（一四三六年一月十八日）玉峯松岩生費信公曉註一 謹序。」則此序所題年月與通行本星槎勝覽所題同，惟不復有「臣」「稽首」等字樣。比較兩本的序文，本義未變，然文詞業已不同，竟可說兩序措詞各別。此外天一閣本序文誌有關於費信的新文，據云：「愚生費信，祖氏吳郡崑山民也。洪武三十一年（一三九八）先兄籍太倉衛，不幾而信蚤世。年始十四，註二 代兄當軍。且家貧而陋室，志篤而好學，日就月將，偷時借書而習讀。年至二十二，永樂至宣德間，選往西洋四次。隨征註三 正使太監鄭和等至諸海外，歷覽諸番人物風土所產，集成二帙，註四 曰星槎勝覽前集

者，親監日識之所至也。後集者，採輯傳譯之所實也。然不能效編摩之體，爲文爲詩。……書既成藁，未獲册正，儻遇明師碩儒，筆者筆，削者削，愚信效勤之誠，鄙陋之至，可得所伸矣。」

註一　千頃堂書目作公晚，未知孰是。

註二　此文顯有倒誤，應作「不幾而蚤世，信年始十四。」其兄若歿於一三九八年，則此時年有十四歲之費信，應生於一三八五年。可是上又有「不幾」二字，中間應尙距有若干時間，則費信出生之年，得在一三八五至一三八七年間。

註三　鈞案此本錯字太多，此處之「征」，應爲「從」之誤。

註四　此序中未言有「圖」。

序後有費信四次旅行的表錄，其文如下：

「一於永樂七年（一四〇九）隨正使太監鄭和等往占城（Champa）瓜哇（Java）滿剌加（Malacca）蘇門荅剌（Sumatra, Atcheh）錫蘭山（Ceylan）小唄喃註一柯枝（Cochin）古里（Calicut）等國開讀賞賜，至永樂九年（一四一一）迴京」（南京。）

註一　小唄喃後別有考。

「一於永樂十年（一四一二）隨奉使少監楊敕註一等往榜葛剌（Bengale）等國開讀賞賜，至永樂十二年（一四一四）迴京」（南京。）

註一　此名他處未見，或者有誤。明史卷三二四暹羅傳有中官楊敏，於一四一九年使暹羅，觀此兩名字形相類，疑楊敕卽是楊敏之誤，別有楊姓中官二人於一四二一年同一四三〇年奉使西洋，將於言及西洋番國志時言之，惟其名絕不類此處之楊敏。

「一於永樂十三年（一四一五）隨正使太監鄭和等往榜葛剌諸番，直抵忽魯謨斯（Ormuz）等國開讀賞賜，至永樂十六年（一四一八）廻京」（南京。）

「一於宣德六年（一四三一）隨正使太監鄭和等往諸番，直抵忽魯謨斯等國開讀賞賜，至宣德八年（一四三三）廻京」（南京。）

欲斷定此種記錄之價值，勢須首先確定鄭和七次旅行之年代。明史（三〇四卷一頁）鄭和本傳已言其概。此傳業經格倫威耳德翻譯，（一六七至一七〇頁）惟略有删節。羅克希耳（八一頁）對於這些旅行亦有考，然不常正確，我擬將這些指示重再研究補充。

第一次旅行　「永樂三年六月，（一四〇五年六月二十七至七月二十五日）命和及其儕王景弘等通使西洋。將士卒二萬七千八百餘人，多齎金幣。造大舶，修四十四丈，廣十八丈者六十二。註一 自蘇州劉家河 註二 泛海至福建，復自福建五虎門 註三 揚帆，首達占城（Champa），以次徧歷諸番國，宣天子詔，因給賜其君長；不服則以武懾之。五年九月，（一四〇七年十月一至三十日）和等還，諸國使者隨和朝見。和獻所俘舊港（Palembang）酋長，帝大悅，爵賞有差。舊港者，故三佛齊國也。其酋陳祖義剽掠商旅，和使使招諭，祖義詐降，而潛謀邀劫。和大敗其衆，禽祖義，獻俘，戮於都市。」註四（明史三〇四卷一頁）——永樂「三年六月己卯，（一四〇五年七月十一日，）

中官鄭和帥舟師使西洋諸國。」（明史六卷二頁）——永樂「五年九月癸亥，（一四〇七年十月二日）鄭和復使西洋。」（明史六卷三頁）註五

註一　此種海舶奇大，可參考格倫威耳德書一六八頁。總之，每舟平均裝載四百五十人者，其舟顯然甚大，關於中世紀時中國之大舶者，可參考玉耳戈爾節 Yule-Cordier 之馬可波羅 (Marco Polo) 書，第二冊二五二頁。又契丹 (Cathav) 紀行，第五冊二五頁。伊本拔禿塔 (Ibn Baṭūṭah) 以為中國的大海舶可容一千人，內水手六百，士卒四百。

註二　太倉境內有劉家港，可參考中國雜誌第三冊二二〇至二二一頁麥耶兒思之文，又羅克希耳書九二頁。

註三　此門即是閩江江口，可參考麥耶兒思文三二九頁，羅克希耳書八六及九二頁。瀛涯勝覽後序說馬歡「自闌之五處發迹」，兌溫達（十一頁）既見「處」字為「虎」字之誤。然將「闌」字釋作 Chih-lan，謂此即是廈門 (Amoy)。（我不知廈門有此稱，或者是誤解王立亞洲學會北華支部報第二十冊二二二頁之文所致。）此說非是，因為五虎門在廈門之北長樂縣境，兌溫達在二十頁中已自言之，此「闌」字應是「閩」字之誤，馬歡在其書相對之一段中即作「閩」也。（羅克希耳書八六頁，兌溫達書二四頁。）

註四　此事並見明史卷三二四三佛齊傳，據說一四〇七年鄭和自西洋還，禽陳祖義。瀛涯勝覽（羅克希耳書一三八頁）未言此事年月，然羅克希耳在附註中言鄭和用兵舊港，據星槎勝覽事在一四一五年。案通行本星槎勝覽，（羅克希耳書一四〇頁）固言其事在永樂十三年（一四一五），然在天一閣本則作永樂三年（一四〇五），應以天一閣本為是。因為此二本所記之年，非禽陳祖義之年，乃遣使往諸番國之年，而禽陳祖義一役，即在此次奉使中也。

註五　鈞案伯希和譯文解作「鄭和還」。

此第一次旅行的路程，同其他諸次一樣，皆不甚明瞭。因為明史諸外國傳中固有時著錄鄭和至其國之年月，然為鄭和奉使之年月，非親至其地之年月。惟吾人知一四〇五至一四〇七年間之旅行，鄭和曾至爪哇（明史三

二四卷九頁）蘇門荅剌（Atcheh 明史三二五卷四頁）註一 南巫里（Lambri 明史三二六卷四頁），並曾到過古里（Calicut），建一碑文。註二 或者到過錫蘭。註三 一四〇七年鄭和自西洋還時，始在舊港禽陳祖義，好像第一次旅行並未越過印度海岸以外。

註一　明史（三二五卷四頁）蘇門荅剌（Atcheh）傳云：「三年（一四〇五）鄭和下西洋，復有賜。和未至，其酋宰奴里阿必丁已遣使隨尹慶入朝貢方物，詔封爲蘇門荅剌國王。」格倫威耳德（二一一頁）已將此文翻譯，惟誤識「已」作「己」，而繫於國王名稱之後。假定「必丁己」爲 petinggi 之對音，又據西洋朝貢典錄（粵雅堂叢書本二卷六頁），一四〇五年時，蘇門荅剌（Atcheh）國王鎖丹罕難阿必鎮遣其臣阿里（Ali）入朝。羅克希耳（一五三頁，然誤引一九〇〇年通報）曾假定此王原名是 Sultan Han-dal Abidin，吾學編（六七卷四五頁）同大明一統志（參考一九〇一年刊通報三四四頁）的記載，與西洋朝貢典錄同。史萊格耳（一九〇一年刊通報三四三頁）雖見到格倫威耳德誤繫「已」字於王名之後，然他本人亦誤認「宰」字非王名，遂將「奴里阿必丁」還原爲 Nur el-abidin。又以「罕難阿必鎮」的原名是 Haram Ab' eddin，皆誤也。案宰奴里阿必丁，即是亞齊（Atcheh）史中所著錄的 Zaynu-'l-Ābidīn，西洋朝貢典錄同吾學編所著錄的，應是同一國王，惟誤「宰」作「罕」耳。則鎖丹罕難阿必鎮之對音，亦應還原作 Zayn-al-Ābidīn 也。

註二　兩本瀛涯勝覽（紀錄彙編六二卷二八頁又六三卷十七頁，參考羅克希耳書四五五頁）並云：「永樂五年（一四〇七），朝廷命正使太監鄭和等齎詔勅賜古里國王。」此文並轉錄入吾學編六八卷一頁中（惟寫國名作古俚，此古俚的寫法蓋爲張昇改訂本所獨有者），可是帝命在一四〇五年。好像馬歡一反其本人同他書記錄的習慣，獨在此處記錄鄭和實在古里之年。第考永樂五年始於一四〇七年二月八日，鄭和還南京時則在同年十月二日，他在舊港禽陳祖義，並作其他諸事，僅有此數月時間，未免太短。我意以爲一四五一年本瀛涯勝覽誤三作五，原文應是永樂三年（一四〇五），質言之，鄭和奉使之年，如此方與習慣記錄的方法相符。據明史（三二六卷一頁）古里傳，一四〇三年時之古里國王名沙米的喜。乃吾學編（六八卷一頁）則謂一四〇三年的古里國王名馬那必加剌滿，並謂當時遣往中國朝貢的使臣名馬戌（Mas'ūd?）

註三　參照後註一。

第二次旅行　永樂「六年九月，（一四〇八年九月二十至十月十八日，）再往錫蘭山。註一國王亞烈苦奈兒註二誘和至國中，索金幣，發兵刦和舟。和覘賊大衆既出，國內虛，率所統二千餘人，出不意攻破其城，生禽亞烈苦奈兒，及其妻子官屬。刦和舟者聞之，還自救，官軍復大破之。九年六月，（一四一一年六月二十一至七月二十日）獻俘於朝，帝赦不誅，釋歸國。是以交阯（東京及安南北部）已破滅，郡縣其地，諸邦益震讋，來者日多。」（明史三〇四卷一至二頁，）——「永樂六年九月癸亥，（一四〇八年十月七日）鄭和復使西洋。」（明史六卷三頁，）——「永樂九年六月乙巳，（一四一一年七月六日，）鄭和還自西洋，是月下交阯。」註三（明史六卷五頁，）——「永樂九年七月九日，（一四一一年七月二十九日，）鄭和至京師，註四皇帝並於皇城內莊嚴旃檀金剛寶座貯之。（指佛牙）註五式修供養，利益有情，祈福民庶，作無量功德。」（見大唐西域記卷十一，明人增入之文，此末段未經烈維（S. Lévi）翻譯。）

註一　再往錫蘭山，猶言鄭和第二次復至錫蘭山，然明史（三二六卷三頁）同星槎勝覽（羅克希耳書三八二頁）皆未言一四〇五至一四〇七年之役，鄭和曾於第一次赴錫蘭山也。明史錫蘭山傳固有鄭和使西洋，至其地，其王欲害和，和覺，去之他，及和歸復經其地等語。然僅言在歸途中復經其地，未言第二次重赴錫蘭也。但有一條史料，來源很奇，似言鄭和在一四〇五至一四〇七年間第一次至錫蘭而明史「再往」二字之義，似指鄭和此次之赴錫蘭，是第二次。脫此說不誤，則可斷言纂修明史的人，取材來源不一，整理未善，致有脫漏也。明藏佛經於大唐西域記僧伽羅國（錫蘭）條中羼入鄭和赴錫蘭之文，此文曾經翻譯多次，然羅克希耳未曾見之。最先儒連（St. Julien）所言翻譯之文，（見西域記譯本第一册卷首二六頁又第二册一四二頁）從未刊行。可是衞里（Wylie）曾將此文譯寄籐能（Tennent）復經籐能載入一八五九年他所撰的「錫蘭考」第一册四一六至四一七頁，同五九八至六〇〇頁中。比耳（Beal）在他的「佛教僧人行記」第二册二四八至二四九頁同二八二頁，亦有一種不完備的譯文。最後烈維根據圖書集成邊裔典（六六卷十頁）中西域記之文，譯載於一九〇〇年亞洲學報四三一至四三三頁中，惟刪其末段，根據衞里之說。（見籐能錫蘭考第一册四一〇頁又五九九頁），此文始見於一四五〇年出版的 Se-yih-ké fou-choo 第十八卷十五頁，復見於鄭曉（一四九九至一五六六）的吾學編卷五十八。衞里並謂吾學編是一五二二年的刊本，可是關於錫蘭的著錄，實見於皇明四夷考卷二。在吾學編卷六十八，不在卷五十八，乃在其中並未言及玄奘西域記羼入之文也。此外吾學編是在一五六七年出版，不是在一五二二年出版的。其中有些部份固在先前印行，就中有「北夷」一篇，前有一五五二年的鄭曉序，或者衞里因是誤識為一五二二年，抑是排印之誤，皆未可知。衞里所引的那部書名 Se-yih-ké fou-choo，前三字似為「西域記」之對音，後二字好像是「附註」。可是玄奘西域記中明人羼入之文，在卷十一，不在卷十八。我並不知有一四五〇年出版有註無註的西域記，吾人姑不必問這段記載的來源，除開其中所言的佛牙故事之外，所記戰事雖不見他書，似乎可靠。乃此文明言一四〇五至一四〇七年間，鄭和同錫蘭國王業已直接發生關係矣。

註二　此名在星槎勝覽（羅克希耳書三八二頁，天一閣本誤作亞烈苦柰兒，）明史錫蘭山傳（三二六卷三頁）西洋朝貢典錄（羅克希耳書三八三頁據此書作亞烈苦奈兒，蓋為粵雅堂叢書本之誤，借月山房彙鈔本同別下齋叢書本並作亞烈苦奈兒，）中譯名皆同。玄奘西域記中明人羼入之文則作阿烈苦奈兒，比耳（第二册二四九頁，又二八二頁，）不知緣何誤識，而寫其名為（Alibunar）籐能（錫蘭考第一册四一七頁又五九八頁）曾言此人即是 Vijaya Bāhu VI，而對於中國譯名，未作若何考訂。羅克希耳書三八三頁亦是用這個對稱，可是一九〇〇年時，烈維業已指明漢語的譯名就是 Alagakkonāra 之對音，（四三七至四三八頁）這就是國王 Bhuvaneka Bāhu V 即位前的名稱。在音聲上還原固然不誤，可是尚有重大困難，而爲烈維意料所不及者也。（四四〇頁，）案僧伽羅史書對於這些事蹟所保存的一種記載，尚甚明確，然位其事於 Vijaya Bāhu 在位之時。現在姑不問僧伽羅史書的記載，我將烈維所未見的中國史文檢出，或者能夠幫助他發現一種完滿的解釋。（參考我前在遠東法國學校校刊第四冊三五六至三五七頁，對於這件問題已持之說，）考明史錫蘭山傳（三二六卷三頁，）亞烈苦奈兒被留於中國未釋歸以前，永樂曾選其族人名邪把乃那者，遣使冊封爲王。此邪把乃那所代表的，不知是何對稱，然前二字在一四四五年錫蘭國王遣往朝貢中國之使臣名稱頭二字中，重復見之。（參考羅克希耳書三八三頁，惟在此處誤認頭一字作「那」乃考其他諸本皆作「耶」，即在吾學編六八卷五頁亦然。）又考西洋朝貢典錄，（參考羅克希耳書三八三頁，）永樂十年（一四一二，）遣使詔諭其國王不刺葛麻巴思刺查，（吾學編六八卷五頁譯名同。）錄能（錫蘭考第一冊六〇〇頁）業已認識此名就是 Parakkāma Bāhu VI 的譯名。相傳此王在位始一四一〇年，終一四六二年。明史錫蘭山傳（三二六卷三頁）亦曾著錄此名。據載宣德八年（一四三三）錫蘭山王不刺葛麻巴忽刺批遣使入貢，此二譯名皆有訛寫。西洋朝貢典錄的譯名，顯誤「忽」作「思」，明史的譯名誤「札」作「批」。同一國王又在一四五九年遣使入貢，此次西洋朝貢典錄則名之曰葛力生夏昔利把交刺惹，（參照羅克希耳書三八三頁，）然在吾學編（六八卷五頁）同明史（三二六卷三頁）中，則寫作葛力生夏刺昔利把交刺惹。「葛力」未詳，其後文可以還原作 Simhala Siri Parakkāma Bāhu rāja。烈維位置不刺葛麻巴忽（Parakkāma Bāhu）即位年於一四一〇或一四一五年時。然考中國史文，勢應承認他在一四一二年時業已君臨其國。設若亞烈苦奈兒確是 Bhuvaneka Bāhu V 的箇人名稱，則勢須假定邪把乃那是 Vijaya Bāhu VI 的箇人名稱。此後一王之在位，似在一四一一至一四一二年間，爲時不久。可是這種假定同僧伽羅史書的傳說不合。吾學編（六八卷五頁）特言邪把乃那與不刺葛麻巴忽六世同爲一人，案照年代也應作如是解。然則祇有一種解決方法，就是承認亞烈苦奈兒不是 Bhuvaneka Bāhu V 的名稱，而是 Vijaya Bāhu VI 的名稱。若說繼續在位的兩箇國王各人名稱相同，好像不合事實，或者烈維所採的來源本身已有錯誤。

註三　據吾學編中之皇明大政記二卷七頁，鄭和禽獻錫蘭山國王亞烈苦奈兒於朝之時在一四一一年陰曆六月。（陽曆六月二十一至七月二十）釋還之時，在永樂十年秋七月。（一四一二年八月八日至九月五日）

註四　此文所誌鄭和還至京師之日，與明史異，然應以明史本紀所誌者爲較確，且吾學編之記載亦與本紀合也。

註五　此處所言者顯爲佛牙遺件，鄭和由錫蘭攜歸佛牙的故事，頗可疑。案續文獻通考（卷二三六）說南京靜海寺曾保存鄭和的捕獲品甚多，然好像未言其中有佛牙。總之，西域記中羼入的遺條記載，必須審慎採用。該雅爾曾言靜海寺側建有一碑，是永樂皇帝自撰的碑文，用以答謝永樂十四年天妃保佑其旅行印度使臣之功者。（見該雅爾南京史略二六一頁，）上題年月是一四一六年五月三日，該雅爾曾譯其文，附於書後。（三〇三至三〇六頁，）不幸遺件碑文文章溢於事實，其中僅言永樂第一次遣使在海中遇暴風而獲救，以後遣派諸使渡海皆得平安無恙，於是加封天妃曰「護國庇民妙靈照應弘仁普濟天妃。」關於蒙古時代之天妃者，可參考至順鎮江志八卷十三至十四頁。

鄭和第二次之旅行，即爲費信第一次之旅行，茲引其所記旅行開始之文如下：（從天一閣本星槎勝覽）

「永樂七年己丑（一四〇九，）上命正使太監鄭和等統領官兵，駕使海船註一四十八號，往諸番國開讀賞賜。是歲秋九月（一四〇九年十月九日至十一月六日，）自太倉劉家港開船，十月（一四〇九年十一月七日至十二月六日，）到福建長樂太平港註二泊。十二月（一四〇九年十二月七日至一四一〇年一月四日，）福建五虎開洋，張十二帆，順風十晝夜至占城國。」

註一　通行本作海舶，此處之海船疑是海舶之誤。

註二　我在籌海圖編諸圖上未見太平港名。

羅克希耳（九二頁）所譯通行本之文實際相同，註一惟年下不具干支。「鄭和等」作「鄭和王景弘等」，「統領官兵」作「統官兵二萬七千餘人。」通行本所增之文不必皆僞，然而可疑。一四〇五至一四〇七年鄭和奉使時，王景弘曾從行。（見鄭和本傳），一四三一至一四三三年奉使時，王景弘亦在其列。然一四〇八至一四一一年奉使之役說有王景弘者僅見星槎勝覽通行本。案陸容（一四六六年進士）撰菽園雜記誌有一四〇八至一四一一年旅行之事一條，註二首云：「永樂七年（一四〇九）太監鄭和王景弘侯顯等統率官兵二萬七千有奇，駕寶船四十八艘……」陸容亦太倉人，乃費信之鄉人也。吾人行將說明他所見之星槎勝覽本就是通行本，可是他於鄭和王景弘之外，又加入侯顯。意者他所見的那本通行本於一四〇八至一四一一年一役中加有侯顯之名，或是因爲通行本一四三六年序文中有屢命正使太監鄭和王景弘侯顯等一語，遂臆斷其此役亦在其列。十六世紀時，郎瑛的七修類稾（卷十二）中有一條，大致亦是取材於通行本星槎勝覽，或逕採之於菽園雜記者，其文云：「永樂丁亥（一四〇七）命太監鄭和王景弘侯顯三人往東南諸國……」註三郎瑛此條干支顯誤，大約是誤永樂七年作永樂五年。無論如何，一四〇七年時鄭和不能再奉使，因爲他在一四〇七年十月二日回京，是年所餘之時無幾也。觀前引陸容的記載，亦說鄭和第二次旅行中統有官兵二萬七千餘人，可是他僅事抄錄通行本星槎勝覽，並不能作爲旁證。又考吾學編（卷六七皇明四夷考，此書疑撰於一五五二年）亦云：「永樂七年太監鄭和王景弘侯顯統三萬人往西洋……」，然我不信鄭曉在此處別有所本。初視之，這二萬七千餘人頗類鄭和本傳中第一次旅行所將的「士卒二萬七千八百餘人」，好像通行本星槎勝覽的人數簡單本於此數，乃此次僅有海船四十八號，每號平均須載五百六十餘人，未免過多。可是我在後面引有一文，記載一四三一至一四三三年之役者，說有人數二萬七千五百五十八人。如此看來，通行本星槎勝覽所載人數之價值，固然不能作準。除非假定明史所載第一次旅行人數受有第七次旅行的實在人數之濡染外，不能預斷通行本星槎勝覽的記載為非，抑或數次遠征的組織皆本於同一的根據，然則所載人數既然屢次相同，為何船數不同呢？

註一　其他不同之點，乃因羅克希耳譯文之疏誤。Jourdain de Séverac 曾說中國海船張十帆，伊本拔禿塔說中國的大海船張三帆至十二帆。（參考玉耳戈爾節馬可波羅書第二冊二五二頁，又契丹紀行第四冊二五頁。）

註二　此條見紀錄彙編一八一卷不全本三至四頁，守山閣叢書全本三卷三至四頁。

註三　我未見七修類稿原文，茲據麥耶兒思譯文（中國雜誌第三冊二二一頁）中官三人的記錄，應是誤解通行本星槎勝覽序文所致。至若東南諸國，大概是因「九夷八蠻」所發生的誤會，蓋一四〇八至一四一一年之役未至東方也。

可是兩本星槎勝覽所誌鄭和第二次旅行的年代，皆足引起一種嚴重的難題。據費信的記載，帝命鄭和第二次出使之時在一四〇九年，海船最後離開中國海岸之時在一四〇九年杪或一四一〇年初。又據兩本星槎勝覽之滿剌加條（羅克希耳書一一八頁）註一同錫蘭山條（羅克希耳三八二頁）註二費信亦說鄭和奉使之年是永樂七年（一四〇九）。乃考前譯明史之文，此次奉使年代無疑的是在永樂六年（一四〇八），質言之在一四〇八年十月七日。但是瀛涯勝覽亦說「永樂七年己丑（一四〇九），上命太監鄭和冊為滿剌加國……，」

（羅克希耳書一一四頁）。註三鄭曉皇明大政記（吾學編本二卷五頁）記載尤其詳明，據說「己丑永樂七年春正月（一四〇九年一月十六至二月十四日），太監鄭和航海通西南夷。」乃在明史卷三二四至卷三四六諸外國列傳中皆誌鄭和第二次奉使之年是一四〇八年，加之鄭和不能在一四〇九年到滿剌加錫蘭山兩地，其事甚明。因爲就據費信之說，海船離開中國海岸之時，祇能在一四一〇年一月一日前後也。這種年月考證，可以屏除另外一件難題。星槎勝覽九洲山註四條說，「永樂七年（一四〇九），鄭和等差官兵入山採香，」此處所言之年，當然不是奉命出使之年，而是事實經過之年。但是一四〇九年時，船舶尚未離開中國海港，鄭和安能差官兵到蘇門荅剌一帶入山伐木採香？我意以爲費信在一四三三至一四三六年間編輯星槎勝覽時，對於一四〇八至一四一一年出使的年代，業已記憶不淸。所以他所記載的一四三一至一四三三年間的旅行，年代可信，其中且有一次繫有月日。惟在此處對於一四一〇年之事，甚至一四一一年之事，皆記錄其所信以爲奉命出使的年代。至若這個奉命出使年代，祇有一種解說，就是承認費信馬歡以爲奉命出使之年是一四〇九年，而非一四〇八年。顧船舶僅在一四〇九年十月至十一月間離開太倉，上級人員如馬歡費信者，不知帝命在一年之前，其事亦無足異。後來關於一四一二至一四一五年間的旅行，同一四三一至一四三三年間的旅行，情形亦同。後一次的旅行奉帝命時遠在一四三〇年也。此外在一四〇八年十月七日帝命以後，繼以一四〇九年一月至二月間的帝命，亦有其可能，如此方能解說皇明大政記的記載。最後還有一種僅屬表面的難題：明史諸外國列傳之記年，大致是遣使之年，然不繫月。可是有一例外，暹羅傳（明史三二卷七頁）云：永樂六年八月，（一四〇八年八月二十一日至九月十九日，）因暹羅貢使飄至安南被殺，止餘一人，帝憫之，至是命中官送還國。下文繼云「九月，（一四〇八年九月二十至十月十八日，）中官鄭和使其國，其王遣使貢方物，謝前罪。七年，（一四〇九，）使來祭仁孝皇后。……」要是未作考證的人，必以爲鄭和曾在一四〇八年到過暹羅，而暹羅在是時因遣使入貢。其實不然，一四〇八年的陰曆八月，（陽曆九月二十至十月十八，）恰是帝命鄭和出使的年月，鄭和後在一四一〇年一月一日前後才離開中國海岸，則祇能在此年中到達暹羅；暹羅國王遣派謝罪的使臣，祇能在一四一〇年首途，勢須在一四一一年行抵中國。註五 其距一四〇九年致祭仁孝皇后之使臣，爲時在後，修明史的人將關於鄭和之事記在一處，致將暹羅兩次使臣到達之年先後倒置。

註一 羅克希耳的譯文足以發生誤會，原文實作一四〇九年命鄭和等往賜銀印，未言是年賜銀印也。

註二 根據羅克希耳的譯文，鄭和等在一四〇九年布施佛寺，其實兩本星槎勝覽並言一四〇九年命鄭和等賚諸物布施於寺也。

註三 此處羅克希耳亦誤以奉命之年爲執行之年。瀛涯勝覽記載較詳，然意亦同，兌溫達對於此文未作何種說明。

註四 參考羅克希耳書一二五頁，星槎勝覽通行本作九洲山，（羅克希耳譯名脫山字，）非是。其對稱應從格倫威耳德（二一七頁）同羅克希耳的考訂，作 Pulo Sembilan，可是羣島同此名者有數處，此處所指之九洲山，應在蘇門答剌沿岸淡洋（Tamiang）之南。

（參考通報一八九六年刊一一六頁。）

註五 西洋朝貢典錄暹羅條所誌一四一一年的暹羅使臣，好像就是此次的使臣。

天一閣本星槎勝覽卷首的表錄說一四〇八至一四一一年之旅行，鄭和曾往占城(Champa)爪哇(Java)滿剌加(Malacca)蘇門答剌(Atcheh)錫蘭山(Ceylan)小唄喃(Quilon)柯枝(Cochin)古里(Calicut)等國。根據前此的研究，費信馬歡並證實此次到過滿剌加，費信證實到過錫蘭山，並特言此次曾在九洲山(Pulo Sembilan)伐木採香。明史諸外國列傳(卷三二四至卷三二六)著錄奉使之一四〇八年者，亦證明此次鄭和到過占城、爪哇、滿剌加、錫蘭山、小唄喃、註一柯枝，對於蘇門答剌，則在一四〇五至一四〇七年一役中言鄭和凡三使其國，並未言餘二次是在何時。但據本卷後文可以確知一四一二至一四一五年同一四三一至一四三三年兩役，鄭和到過亞齊(Atcheh)，則他到過此國四次，不僅三次也。明史古里傳說：「鄭和亦數使其國」(古里)此外根據明史諸外國列傳，可以知道鄭和在一四〇八至一四一一年旅行中到過暹羅(Siam)南巫里(Lambri)加異勒(Cail)註二甘巴里註三阿撥把丹註四等地。

註一　小唄喃是天一閣本的寫法，通行本作小葛蘭(羅克希耳書四四五頁)，故天一閣本之大唄喃在通行本中亦作大葛蘭。案小唄喃之稱，乃費信取之於一三四九至一三五〇年刊之島夷誌略者。(參考羅克希耳書四四五頁。)大唄喃或大葛蘭僅見於星槎勝覽。(明史三二六卷二至三頁之文，乃轉錄自星槎勝覽者。)費信未蒞其地，然曾親至小唄喃。此小唄喃是 Kain Colan 抑是 Quilon 尚有徵疑難決，討論之說甚長，未便在此處爲之也。明史(三二六卷二頁)有小葛蘭傳，未言鄭和曾至其國。(鈞案明史小葛蘭傳有「鄭和嘗使其國」一語，伯希和偶失檢。)可是明史(同卷六頁)甘巴里傳後著錄一四〇八年鄭和招諭之國中有小阿蘭，此小阿蘭應是小柯蘭之誤。(有一史文曾以「柯」代「葛」)其實柯蘭一名已見宋史四九〇卷二頁。)修明史者不知其爲同名異譯，所以誤爲二國。小葛蘭國名並見鄭和本傳所列舉其七次經歷諸國名錄之內，其中並有大葛蘭，或者採自通行本之星槎勝覽也。案通行本星槎勝覽小葛蘭條云：「山連赤土，地與柯枝國接境，日中爲市。」羅克希耳在譯文附註中言赤土在一時代曾爲扶南（暹羅）之一部。此處所言之赤土，不得爲此赤土，他遂以爲此名是近於小葛蘭的一地土名之譯音。羅克希耳並言西洋朝貢典錄亦在此處言及古之赤土。案扶南非暹羅，當一九一五年時，羅克希耳應知其爲眞臘前之柬埔寨（Cambodge）也。赤土國固在暹羅灣之某地，可是非此赤土。考天一閣本相對之文（應亦爲西洋朝貢典錄之所本，蓋其引星槎勝覽之文，國名作小唄喃，而不作小葛蘭也。）作「山連赤土，地接下里，日中爲市。」西洋朝貢典錄的撰人或者不識下里，故將地接下里四字刪除，僅作「山連赤土，日中爲市。」可是此下里吾人識之，蓋爲費信採自島夷誌略之地名，即 Heli 之對音，亦爲可波羅行記中之 Eli 也。（參考羅克希耳書四五三頁）明代殆已不識此名，所以改訂星槎勝覽之人改爲柯枝。至若赤土，考菲力卜思所刊武備志之地圖，小葛蘭一面與柯枝城相接，一面與「第一赤泥」相接，我確信此第一赤泥即是星槎勝覽之赤土；其非暹羅灣中之赤土舊國，固如羅克希耳之說，可是亦非其假定的一種土名之譯音。

註二　見明史三二六卷六頁，此地在鄭和本傳所歷諸國中並見著錄。

註三　見明史三二六卷六頁，鄭和曾三至此國，其名似出於島夷誌略之甘埋里（參考羅克希耳書六三二頁），然非一地也。馬歡費信二書皆無甘巴里條。羅克希耳（八三頁）以此地爲 Cambay，並以爲張昇本瀛涯勝覽中之坎巴夷亦指此地。（紀錄彙編本瀛涯勝覽誤作坎巴美，此名曾經菲力卜思採用，後又轉載於玉耳戈爾節契丹紀行第四冊二四頁註三中。）菲力卜思曾考訂坎巴夷是 Koyampadi（=Coimbatore），羅克希耳不取此種考訂，然無何種重大理由。兌溫達則取菲力卜思之說，我以爲兌溫達頗有理由，蓋有一強有力之根據可以參證此說也。案西洋朝貢典錄的撰人所見之馬歡書版本較吾人所見者爲善，故寫此名作坎巴夷替，蓋以 d（或 ḍ？）轉爲 l 甚易。所以我並以爲甘巴里亦是 Koyampadi，此坎巴夷替或坎巴夷，在明史三二六卷一頁古里傳中，省作坎巴，或者明史三二六卷七頁剌泥傳後所列舉的錯雜國名中之坎巴，亦指此國也。

註四　此名在明史（三二六卷六頁）甘巴里傳後見之。一四〇八年時，鄭和曾奉命招諭此國及小阿蘭（小葛蘭）二國。鄭和本傳此名亦見著錄。案「把丹」之對音顯爲 -patan，可是羅克希耳（八二頁八三頁四六四頁）所提出之 Jurfattan，乃爲一種無根據之假定。羅克希耳說阿撥把丹與 Quilon 爲隣，其實明史僅言與甘巴里質言之與我視爲之 Koyampadi 爲隣也。

總而言之，鄭和在其第二次旅行中，如同在第一次旅行中一樣，所歷之地，皆未逾印度以外。

第三次旅行　永樂「十年十一月，（一四一二年十二月十四日至一四一三年一月二日，）復命和等往使。至蘇門答剌（Atcheh），其前僞王子蘇幹剌者，方謀弒主自立，註一 怒和賜不及己，率兵邀擊官軍。和力戰，追禽之喃渤利（Lambri），並俘其妻子，以十三年七月（一四一五年八月五日至九月二日）還朝，帝大喜，賚諸將士有差。」（明史三〇四卷二頁，）——永樂「十年十一月丙辰，（疑是一四一二年十二月八日，）註二 鄭和復使西洋。」（明史六卷五頁，）——永樂「十三年七月癸卯（一四一五年八月十二日，）鄭和還。」（明史七卷一頁，）

註一　張昇本瀛涯勝覽作蘇幹利，然馬歡本確作蘇幹剌，與星槎勝覽，明史，西洋朝貢典錄均同。此人名得如格倫威耳德之說，（二〇九頁二一二頁，）似作 Sěkandar 也。格倫威耳德（一六九頁）譯文有誤，蓋因明史鄭和傳語焉不明有以致之。案瀛涯勝覽星槎勝覽暨明史蘇門答剌傳並云：「先是蘇門答剌國王爲花面（Battak）國王所殺，有一漁翁殺花面國王，爲蘇門答剌國王報仇。蘇門答剌國王之寡妻遂嫁此漁翁，奉之爲王。旣而前王子年長，殺漁翁而襲其位。漁翁子蘇幹剌逃山中，連年率衆侵擾。鄭和至其國，蘇幹剌以頒賜不及己，率兵邀擊，終爲鄭和所禽。」如此看來，鄭和本傳之文不足取也。馬歡本瀛涯勝覽謂蘇幹剌爲漁翁之嫡子，殆指漁翁前妻所生之子，必非與王妻所生之子。縱有後子，其年必幼，不足以率衆侵擾也。兌溫達（十六頁）據張昇本瀛涯勝覽，（卽羅克希耳所用之本，）以蘇幹剌爲漁翁之弟，而非漁翁之子，大誤。諸本張昇本瀛涯勝覽，以及西洋朝貢典錄，並作子，僅有明史蘇門答剌傳作弟。鄭和本傳文雖舛誤，亦作子而不作弟。費信獨稱蘇幹剌爲僞王，綜考其事，蘇幹剌之勢力殆與王相等。張昇本瀛涯勝覽謂前王之子曰「假子，」其意猶言前夫之子，非羅克希耳（一五三頁）所譯之「爭位者」也。鄭曉（吾學編六七卷四五頁）在此處似採張昇本之文，因人名亦作蘇幹利，前王之子亦作假子也，惟其後文迷離不明。據說蘇幹剌是漁翁之子，鄭和俘歸伏誅後，漁翁子遣使入謝，然則不有兩蘇幹利歟？

註二　是年十一月無丙辰，疑是丙戌之誤，所以作一四一二年十二月八日。脫為是年十二月丙辰，則應作一四一三年一月七日，然我以為其事不應屬十二月。

檢星槎勝覽卷首之行程表，一四一二至一四一五年鄭和第三次旅行時，費信未隨行，然亦誌有蘇幹剌事，（據天一閣本並參考羅克希耳書一五七頁，）其文云：「永樂十一年，（一四一三，）偽王蘇幹剌寇竊其國。王遣使赴闕陳訴請救，上命正使太監鄭和等統率官兵勦捕，生擒偽王。至永樂十三年（一四一五）歸獻闕下，諸番振服。」

馬歡此次則隨行，然張昇本改訂之文竟使事實舛誤。（羅克希耳書一五三至一五四頁，兌溫達書四六頁，）據云：「永樂七年（一四〇九）漁翁來貢。十年（一四一二）帝遣使入其國。十一年（一四一三）鄭和禽蘇幹剌送京伏法。」但據馬歡原文，漁翁於永樂七年（一四〇九）進貢方物，永樂十年（一四一二）復至其國。永樂十三年（一四一五，）鄭和禽蘇幹剌歸國正罪。明史（三二五卷五頁）亦言十三年（一四一五）鄭和復至其國，俘蘇幹剌，則應以馬歡原文為是。由是可知漁翁之被殺，最早應在一四一二年終，蘇幹剌率衆侵擾為父報仇，應在漁翁被殺以後。則其後王必未能及時遣使赴闕陳訴，而一四一二年鄭和亦不能及時奉使至蘇門荅剌，必是費信得自傳聞，故所言不詳。

所餘者，費信所言鄭和奉使之永樂十一年（一四一三）一事，其實此事與第二次旅行之情形同。奉命在出發前一年，出發在奉命後一年。費信不知奉命之年，故以出發年爲奉命年，茲可以一四一六年之馬歡序文證之。序言永樂癸巳質言之一四一三年帝命鄭和領寶船往西洋。馬歡亦如費信，以出發年爲奉命年。然則上引諸文所言一四一五年禽蘇幹剌，不必卽在此年也。此一四一五年乃爲回國獻俘之年，實在禽獲之時，應在一四一三年至一四一五年初間，我頗偏向後一時間。

一四一三至一四一五年之旅行，馬歡撰有紀行詩，詩中列舉有占城、闍婆（Java）、三佛齊（Palembang）、五嶼（Malacca）、蘇門答剌註一、錫蘭、柯枝、古里、溜山（Maldives）、忽魯謨斯（Ormuz）等國。核以明史（三二四至三二六）諸外國列傳，一四一三年鄭和奉命後曾至占城、蘇門答剌（Atcheh）、柯枝、加異勒、溜山、忽魯謨、斯等國，此外並曾到過彭亨（Pahang）、急蘭丹（Kelantan）、阿魯（Aru）、南渤利（Lambri）。

註一　詩中有句云「自此（指蘇門答剌）分䑸往錫蘭、柯枝、古里連諸番。」似自蘇門答剌以後，船舶分途而行。

如前所述，鄭和在此第三次旅行中，始越過印度南境而抵於波斯灣中。

第四次旅行　永樂「十四年冬，（一四一六年十月二十一日至一四一七年一月十七日）滿剌加、古里等十九國咸遣使朝貢，辭還，復命和等偕往賜其君長。十七年七月（一四一九年七月二十三至八月二十日）還。」（明史三〇四卷二頁）——永樂「十四年十二月丁卯，（一四一六年十二月二十八日），鄭和復使西洋。」

（明史七卷二頁）——「十七年秋七月庚申，（一四一九年八月八日）鄭和還。」（明史七卷三頁）

此第四次旅行，馬歡未往，費信亦不在行中。可是我們有一種間接方法可以約略考訂一四一七至一四一九年間鄭和所至之諸國。鄭和本傳說鄭和在一四一六年冬奉命偕十九國的使臣同往，我們可以根據明史（七卷三頁）是年本紀後所列舉的朝貢諸國考之，其文如下：

「是年（一四一六）占城（Champa）古里（Calicut）爪哇（Java）滿剌加（Malacca）蘇門荅剌（Sumatra, Atcheh）南巫里（Lambri）浡泥（Bornéo, Brunei）彭亨（Pahang）錫蘭山（Ceylan）溜山（Maldives）南渤利（Lambri）阿丹（Aden）麻林（Malinde）忽魯謨斯（Ormuz）柯枝（Cochin）入貢，琉球中山入貢者再。」

先要屏除琉球，因為明史卷三二三的琉球傳，未言鄭和至此國。鄭和本傳載其所歷諸國亦無琉球。星槎勝覽有琉球條（僅天一閣本有之）可是在傳聞之國以內，由是大致可以確定鄭和從來未至此國。

浡泥亦可疑，鄭和本傳載其所歷諸國雖然著錄有浡泥，可是明史卷三二五的浡泥傳未證其事。（參考羅克希耳書八二頁二六五頁）天一閣本星槎勝覽中的渤泥國也同琉球一樣，並是傳聞之國，則費信未至其地，疑鄭和亦然。

這些入貢的國名中有兩國，曰南巫里，曰南渤利，我以為皆是 Lambri 之同名異譯。此二名並見鄭和本傳，明史外國列傳亦析爲兩傳，（卷三二五之南渤利，卷三二六之南巫里，）星槎勝覽皆不見著錄。前此引明史，曾言一四一三至一四一五年旅行中，鄭和禽蘇幹剌於喃渤利。此外明史（三二五卷七頁）亦言第三次旅行時，鄭和曾至南渤利。瀛涯勝覽南渤里（Lambri）條中有那沒嚟（Lambri）洋。馬歡這些記載曾被採入明史，（三二五卷七頁，）及西洋朝貢典錄。（卷中南浡里國，）西洋朝貢典錄並說南浡里「一曰南巫里。」案南巫里就是島夷誌略中喃哑哩之殘存的寫法。（參考羅克希耳書一四八頁，）十五世紀初年，一四〇五至一四〇七年同一四〇八至一四一一年兩次旅行時，皆名此國曰南巫里，可是一四一二年其王馬哈麻沙（Mohammed-sah）遣使入貢，又寫其國名曰南渤利。至若一四一六年入貢的那些國名中，同時著錄有南巫里同南渤利之貢使者，殆因是年此國兩遣使臣，一用舊譯國名，一用新譯國名。修明史的人或其所本之源，不及撰西洋朝貢典錄的人高明，不知道是同名異譯，由是誤一國作兩國。註一

註一　吾學編（六八卷七至八頁）常寫此國名作南泥里，必是沿襲張昇本瀛涯勝覽之誤。因爲紀錄彙編本（六三卷十二頁）有此誤，一五二二年刊本中或者亦然，然在後來諸刊本中則已改正。案馬歡本瀛涯勝覽南浡里國條後，附有帽山，說「其國屬南浡里國所轄，」一切張昇本的刊本皆删南字，而謂帽山「隸浡里國。」鄭曉的吾學編更誤上加誤，不說帽山，反說南泥里隸孛泥。蓋由南孛里誤爲南泥里，又由南孛里一誤作浡里，再誤作浡泥。要如鄭曉之說，豈不是說南浡里國隸屬南浡里國歟？吾學編雖有此誤，可是也知道說「或云南泥里（南孛里）即南巫里，」好像他所本之源與西洋朝貢典錄同。

明史本紀所載一四一六年入貢諸國，除上述外，所餘諸國殆是鄭和第四次旅行中所歷之地。惟明史諸外國

列傳僅明言其此次到過彭亨、南巫里、阿丹三國，但別著錄有若干國而不見於一四一六年入貢名錄之中者。

其中有一國名沙里灣泥，並見鄭和本傳著錄。明史（三二六卷六頁）那篇很短的沙里灣泥傳說一四一六年此國「遣使來獻方物，命鄭和齎幣帛還賜之。」羅克希耳（八三頁）謂沙里灣泥在北印度，可是未能考訂其地所在。惟考諸書毫無證明鄭和曾至北印度之文，不知爲何羅克希耳位置沙里灣泥於此地。除非有一未見之史文外，我以爲沙里灣泥卽是島夷誌略之沙里八丹，亦卽阿剌壁人之 Jurfattan （羅克希耳書四六四頁）

倘有其他國名不見於明史本紀一四一六年名錄之中，而明史卷三二六證明鄭和曾赴其地者，是爲木骨都束(Mogedoxu)不剌哇(Brawa)剌撒三國。可見明史本紀一四一六年下著錄之入貢國名不全，因爲明史卷三二六此三國列傳中並言其與麻林國在一四一六年同時入貢也。反之，麻林國名雖見本紀一四一六年下，然在麻林列傳中未言鄭和曾使此國。顧鄭和本傳言其所歷之國卽有麻林，況且麻林於一四一六年遣使入貢之前一年曾先遣使貢麒麟(girafe)。註一 若說鄭和（或其代表）未蒞其國，似乎甚奇。此四國至少有三國在非洲東岸，麻林應如羅克希耳（八三頁）之考訂，卽是 Mombasa 北方之 Melinde，益以武備志地圖作麻林地，尤可證也。剌撒一地未詳，羅克希耳在八三頁說是麻林附近之某港，然在七六頁同六一六頁又說剌撒疑是「撒剌」之倒誤，得爲 Somaliland 境內之 Zeila。然我以爲此名凡數見，似無倒誤之理，從前史萊格耳曾說是 Schedjer (the Schähr of Niebuhr)，（見通報一八九八年刊三六八頁）這種考訂毫無根據，好像是他誤認剌撒作剌撒，致有此誤。我假定以爲可以想到是阿剌壁語 ras 一字之對音，此言「岬，」原稱某岬，後因民衆省稱作岬，致佚其本名歟？武備志地圖位置剌撒於阿剌壁半島阿丹之西北。

註一　此次貢使乃一四一五年之貢使，羅克希耳（八三頁）作一四〇五年，誤也。除明史外，其事並見吾學編（六八卷四一頁）麻林條。其中的皇明大政記並說永樂十三年「十一月（一四一五年十二月一至三十日）麻祿國貢麒麟，帝不受賀。」麻祿應是麻林之誤，由是吾人得知麻林入貢之月是十一月。

如前所述，鄭和在頭二次旅行中，航程未過印度，在第三次旅行中，進至波斯灣，在第四次旅行中，則橫斷印度洋遠至非洲矣。

第五次旅行　永樂「十九年春，（一四二一年二月二日至五月一日），復往，明年八月（一四二二年八月十七至九月十五日）還。」（明史三〇四卷二頁）——「十九年春正月癸巳，（一四二一年三月三日，）註一 鄭和復使西洋。」（明史七卷三頁）——「二十年八月壬寅，（一四二二年九月三日，）鄭和還。」（明史七卷四頁）

註一　錢曾（讀書敏求記校證二之下二九頁）轉錄有一篇詔勅，其中列有隨同鄭和出使的主要人名，可是所題年月是一四二一年十一月十日，我將於說到西洋番國志時翻譯此文。

明史卷三二六諸列傳說，鄭和在此次旅行中，曾經到過印度之甘巴里（Koyampadi?），阿剌壁沿岸之祖法兒（Djofar），非洲東岸之木骨都束同不剌哇，其餘行程未詳。可是明史本紀一四二二年下說：「是年暹羅蘇門荅剌阿丹等國遣使隨貢方物。」案當時有一種流行習慣，中國使臣至外國者，外國國王即遣使乘中國使臣來船隨往朝貢。此處所言之遣使隨貢方物，大概也是隨着中國使臣入貢方物。由是藉知暹羅蘇門荅剌阿丹亦應加入鄭和第五次旅行中所至之國。又案此次奉命時在一四二一年三月三日，還京時在一四二二年九月三日，臨行前必須一種長期預備，益以去時必經夏季的信風，除躭擱的時間外，此第五次旅行可謂異常迅速。我從前說過馬歡曾經參加此次一四二一至一四二二年間的旅行，始能將祖法兒條加在他的一四一六年的撰述之後。明史本紀一四二三年下所列舉的朝貢之國，自古里以下的十五國，殆是一四二一至一四二二年鄭和奉使之間接的成績。註一

註一　明史卷三二五西洋瑣里傳云：「一四二三年，此國偕古里阿丹等十五國來貢。」考明史本紀，是年入貢之國，占城以下，失剌思(Širaz)榜葛剌(Bengale)琉球中山三國之上，自古里迄滿剌加，共有十四國，然其中無西洋瑣里名。意者明史本紀此年漏舉之第十五國，即是西洋瑣里歟？

第六次旅行　永樂「二十二年正月，（一四二四年二月一至二十九日）舊港（Palembang）酋長施濟孫註一請襲宣慰使職，和齎敕印往賜之。比還，而成祖（永樂帝）已晏駕。註二洪熙元年二月，（一四二五年二月十八至三月十九日）仁宗（洪熙帝）命和以下番諸軍守備南京。南京設守備，自和始也。」註三（明史三〇四卷二頁）——永樂「二十二年春正月癸巳，（一四二四年二月十六日）鄭和復使西洋。」（明史七卷五頁）

註一　此事已見明史（三二四卷末）三佛齊（Palembang）傳，據云：永樂二十二年（一四二四），施進卿子濟孫告父訃，乞嗣職，許之。洪熙元年（一四二五）遣使入貢，訴舊印爲火燬，帝命重給，然無命鄭和齎印往賜之語。馬歡所記又與此不同，據云：施進卿「死，位不傳子，是其女施二姐爲王。」（兌溫達書三七頁所據鈔本誤作施二祖，）此次旅行，馬歡不在其列，殆是得之傳聞，而格倫威耳德（二版一九八頁）誤信其說也。

註二　永樂帝死於一四二四年八月十二日。

註三　前此已言明史又謂始命李隆守備南京，二說未知孰是。

吾人對於此次短期旅行，別無他種材料可考。明史本紀亦未記載回京年月，其時要在一四二五年二月二十五日南京始設守備之前。僅因賜印於一舊港酋長一事而遣派位高年老之鄭和，似乎不實。第若鄭和兼赴他國，其行程應不逾南海羣島之外也。

好像鄭和同「寶船」之大旅行，幾在此時告終，因爲洪熙帝即位之日質言之一四二四年九月七日停罷先朝的幾種弊政，於是並罷「西洋寶船」（明史八卷一頁）然一四二五年五月二十九日洪熙帝死，宣德帝繼立。在位之第五年，欲復見永樂時代外國來朝之盛事，重命鄭和爲第七回末次之旅行。

第七次旅行　「宣德五年六月（一四三〇年六月二十至七月十九日），帝踐阼歲久，而諸番國遠者猶未朝貢；於是和景弘復奉命歷忽魯謨斯等十七國而還。」（明史三〇四卷二頁）出發時註一同還京時，皆不見本紀著錄。

註一　奉命時似不在鄭和本傳所言之六月，而在五月，質言之在一四三〇年五月二十五日，前已言之。後此言及西洋番國志時，將譯此敕文。

此第七次旅行中，馬歡費信以及西洋番國志之撰人鞏珍，皆在其列。吾人由費信之星槎勝覽，知道此次旅行在一四三二年到爪哇，在同年十一月十五至十七日（或十一月十四至十六日）註一到翠藍山（Nicobar）。吾人並從馬歡之瀛涯勝覽，得知此次到過天方（La Mecque）。註二據馬歡的記載，一四三〇年註三「差太監鄭和等往各番國開讀賞賜。分䑸註四到古里國時，太監洪某註五見古里國差人往默伽（La Mecque）；乃選差通事等七人附古里國船去彼，註六往回一年。」由馬歡所記默伽之詳細情形，足以使人想到他本人既是回教博士，自應情願隨往巡禮，當在洪太監所差七人之列，或者郭崇禮亦隨行。至若費信似非回教徒，想未至默伽。註七鄭和本傳列舉鄭和所至之國，雖有天方（默伽，）似亦未至其地，祇有分䑸的使臣單獨前往。及這些使臣以珍寶麒麟獅子駝鷄等物還，當然由鄭和進呈皇帝。

註一　參考羅克希耳書三七五頁，然羅克希耳誤作十月二日。其實諸通行本星槎勝覽皆作二十二日，我今從天一閣本作二十三日。

註二　此天方條，張昇本瀛涯勝覽闕，今始由兌溫達（七〇至七四頁）初次迻譯。

註三　兌溫達似應說明一四三〇年是奉命之年，而非行抵古里之年。

註四　馬歡的卷前詩，我以爲作於一四一六年者，有自蘇門答剌分䑸之語。一四三一至一四三三年間之旅行，或者亦然。有一部份海船自亞齊（Atcheh）徑航錫蘭，但是由吾人研究之結果，分䑸之時或者更早。

註五　兌溫達（七四頁）言不知此洪太監爲何許人，我以爲似即一四一二年出使暹羅之洪保。（明史三二四卷七頁，）此人名見於一種未詳所本的一四二一年十一月十日之詔敕中。又見於一四三〇年五月二十五日之詔敕中，並從鄭和行，惟其官號作「右少監」。

註六　兌溫達以爲此船是由紅海載默伽之人赴古里者，然我以爲原文不能作如是解。脫有一船自紅海至古里，縱能載中國通事赴默伽，然不能載其往回也。設若反是，其船係由古里載人赴默伽（或者因爲巡禮）者，當然重載中國通事還，不能說中國海船在古里等待一年。我後此將根據中國使臣歸還中國的年月，尋求洪太監差人旅行一年之結果。總之，我對於馬歡的記載之解釋，可以明史天方傳（三三二卷十頁）作旁證，傳云：「天方……又曰默伽，水道自忽魯謨斯四十日始至。（此由星槎勝覽轉錄，羅克希耳書六一九頁誤作十日。）自古里西南行三月始至。……宣德五年（一四三〇），鄭和使西洋，分遣其儕詣古里，聞古里遣人往天方，因使人齎貨物附其舟偕行，往返經歲，市奇珍異寶及麒麟獅子駝鷄以歸。其國王亦遣陪臣隨朝使來貢。」此文顯是取自馬歡書，修明史的人（或先此鈔錄的人）解釋同我一樣。馬歡書同一的記載並被西洋朝貢典錄採入，刪節其文，仍用原文之「本國」二字，致使人不知其爲古里。

註七　兌溫達（十二頁）業已見及格倫威耳德所持相反之說毫無根據，此說業經史萊格耳在通報一八九八年刊三六五頁中直率採用。

鄭和本傳說一四〇一至一四三三年之奉使，「歷忽魯謨斯等十七國而還。」然隨行之鞏珍歸撰的西洋番國志，言所歷諸番凡二十國：註一 一占城（Champa）二爪哇（Java）三暹羅（Siam）四舊港（Palembang）五啞嚕（Aru）六滿剌加（Malacca），七蘇門荅剌（Sumatra）八那姑兒（Battaks）九黎代（Lidé）十喃勃里（Lambri）十一溜山（Maldives）十二榜葛剌（Bengale）十三錫蘭山（Ceylan）十四小葛蘭（Quilon）十五阿枝（柯枝 Cochin）十六古里（Calicut）十七祖法兒（Djofar）十八忽魯謨斯（Ormuz）

十九阿丹（Aden）二十天方（Arabie, La Mecque）。

註一　參考四庫總目七八卷十四至十五頁，同羅克希耳書八十頁，現在無人能見此書，後此別有說明。

其實鞏珍所誌諸國並不僅是一四三一至一四三三年一役所歷之國，亦非將其所歷諸國完全記錄。比方費信所記泊繫三日之翠藍嶼（Nicobar）不見於西洋番國志。明史卷三二五至三二六證明一四三一至一四三三年之航行，曾經經過爪哇阿魯（Aru）蘇門答剌、喃渤利、溜山、錫蘭山、柯枝、祖法兒、忽魯謨斯、阿丹十國，雖僅及鞏珍所記國數之半，可是明史並言此役鄭和到過甘巴里（Koyampadi 自柯枝陸行至此國）木骨都束、不剌哇、剌撒等國，此皆不見西洋番國志著錄者也。當時一四三一至一四三三年的艦隊，或由鄭和本人率領或分䑸前往，蓋已經歷印度洋全洋。

幸而吾人有一記載可以考訂此次艦隊之行程。這條記載固經麥耶兒思在中國雜誌第三冊三二九至三三〇頁翻譯，可是尚須重再尋究，尤在確定時日方面有其必要。此文見紀錄彙編二〇二卷三六至三七頁祝允明（一四六〇至一五二六）所撰之前聞記，註一不幸僅爲一種節錄，其文如下：

註一　四庫總目一四三卷十九至二十頁說前聞記一卷，「大抵於所爲野記（野記提要並見同卷十九頁）中別撮爲一書，而小更其次第。」野記一書余未見，關於祝允明者，可參考兒溫達書十六至十七頁，後此言及西洋朝貢典錄時將重言其人。

「下西洋」

「永樂中遣官軍下西洋者屢，當時使人有著瀛涯一覽、星槎勝覽二書，以記異聞矣。今得宣德中一事，漫記其概。」

「題本（文多不錄）」註一

「人數　官校，旗軍，火長，舵工，班碇手，通事，辦事，書算手，醫士，鐵錨，木艌，搭材等匠，水手，民稍人等，註二共二萬七千五百五十員名。」註三

「里程　宣德五年閏十二月六日（一四三一年一月十九日）龍灣註四開舡。十日（一四三一年一月二十三日）到徐山。（打圍）二十日（一四三一年二月二日）出附子門。註五二十一日（一四三一年二月三日）到劉家港。註六六年二月二十六日（一四三一年四月八日）到長樂港。註七十一月十二日（一四三一年十二月十六日）到福斗山。註八十二月九日（一四三二年一月十二日）出五虎門。（行十六日）註九二十四日（一四三二年一月二十七日）到占城。註一〇七年正月十一日（一四三二年二月十二日）開舡。（行二十五日）二月六日（一四三二年三月七日）到爪哇。（斯魯馬益）註一一六月十六日（一四三二年七月十三日）開舡。（行十一日）二十七日（一四三二年七月二十四日）到舊港。七月一日（一四三二年七月二十七日）開舡。（行七日）八日（一四三二年八月三日）到滿剌加。八月八日（一四三二年九月二日）開舡。（行十日）十八日（一四三二年九月十二日）到蘇門荅剌。十月十日（一四三二年十一月二日）開舡。（行三十六日）註一二十一月六日（一四三二年十一月二十八日）到錫蘭山。（別羅里）註一三十日（一

四三二年十二月二日）開舡。行九日十八日（一四三二年十二月十日）到古里國。二十二日（一四三二年十二月十四日）開舡。行三十五日十二月二十六日（一四三三年一月十七日）到魯乙忽謨斯。註一四 八年二月十八日（一四三三年三月九日）開船回洋。行二十三日 三月十一日（一四三三年三月三十一日）到古里。二十日（一四三三年四月九日）大鯮船回洋。行十七日 註一五 四月六日（一四三三年四月二十五日）到蘇門荅剌。十二日（一四三三年五月一日）開船。行九日 二十日（一四三三年五月九日）到滿剌加。五月十日（一四三三年五月二十七日）回到崑崙洋。註一六 二十三日（一四三三年六月九日）到赤坎。註一七 二十六日（一四三三年六月十三日）到占城。六月一日（一四三三年六月十七日）開舡。行二日 三日（一四三三年六月十九日）到外羅山。註一八 九日（一四三三年六月二十五日）見南澳山。註一九 十日（一四三三年六月二十六日）晚望見望郎回山。註二〇 六月註二一 十四日（一四三三年六月三十日）到碕頭洋。註二二 十五日（一四三三年七月一日）到碗碟嶼。註二三 二十日（一四三三年七月六日）過大小赤。註二四 二十一日（一四三三年七月七日）進太倉。後程不錄 七月六日（一四三三年七月二十二日）到京。十一日（一四三三年七月二十七日）關賜獎衣寶鈔。」

「船號　如清和，惠康，長寧，安濟，清遠之類，又有數序一二等號。」

「船名　大八櫓，二八櫓之類。」註二五

註一　鈞案雙行小字皆是前聞記原註。

註二　鈞案譯文點逗微誤，辦事脫「事」字，乃點作辦書。水手與民稍似應分別點斷，乃譯文作「水手民」「稍人。」

註三　此處之二萬七千五百五十員名，令人思及鄭和第一次旅行時所統之二萬七千八百餘人，同費信所誌第二次旅行中之二萬七千餘人。

註四　龍灣是南京西北之一小灣名，可參考該雅兒南京史略後附索引與地圖。麥耶兒思已曾想到龍灣在南京境內，但未考訂確在何處。如此看來，鄭和第七次旅行時艦隊在龍灣聚齊，前此諸役或亦然也。

註五　徐山應在太倉西北西，附子門應在太倉西北。

註六　劉家港在太倉境，前已有考。

註七　長樂港是閩江之一支流，前亦有考。

註八　此山似在福州城附近。

註九　五虎門前已有考。案中國人之記算日數，或與吾人同，（自九日至二十四日算爲十五日，）或始末兩日並作二日，（則九日至二十四日算爲十六日。）此處計算日數方法似應劃一者，乃祝允明註兩種算法並用，或者原文已然也。

註一〇　使人來往必至占城之新洲，昔之新洲，今之歸仁（Quinhon）也。（參考遠東法國學校校刊第四册二〇五頁。）

註一一　麥耶兒思曾疑其地是 Surabaya，此事毫無疑義。張昇本瀛涯勝覽星槎勝覽明史皆作蘇魯馬益，（參考羅克希耳書二三九頁，二四一頁，二四八頁，）馬歡本瀛涯勝覽獨作蘇盧馬益。此外兩本瀛涯勝覽並謂番名蘇兒把牙，西洋朝貢典錄譯名從張昇本。案兩見紀錄彙編本馬歡書之蘇盧馬益，疑是傳寫之誤。前聞記所本之原文，在此處必有一種很有關係的詳細記錄，惜爲祝允明所删。艦隊應未能上溯至於蘇魯馬益。

註一二　麥耶兒思譯文仍作三十六日，毫無說明。顧一四三二年十一月二日至二十八日，僅有二十六日，觀後此相距日數之符合，足證此處三十六日爲二十六日之誤。

註一三　別羅里應是錫蘭之要港，其名並見瀛涯勝覽星槎勝覽西洋朝貢典錄等書。（參考羅克希耳書三七八頁，三九〇頁，六一四頁。）菲力卜思曾考訂此地是距 Galle 十三哩之 Belligamme 或 Belligam。羅克希耳（通報一九一四年刊四三九頁，又一九一五年刊三七八頁，）以為此種考訂已成定讞，殊不知其與當時中國人所誌之針位不合。此外羅克希耳（通報一九一四年刊四三九頁）又以為元史中之別里剌（元史卷十三）即為此名之倒誤，但是別羅里從未視為國名，而別里剌國之在錫蘭亦毫無證據可引也。我以為此別里剌在蘇門答剌島中，即馬可波羅書之 Ferlec，亦馬來紀年中之 Parlāk。（參考玉耳戈爾節本馬可波羅書二冊二八五頁，二八七頁。）我在元史中曾檢出其同名異譯不少，至若別羅里，羅克希耳似未見及烈維 (S. Lévi) 在亞洲學報一九〇〇年刊第一冊四三九頁中，反對別羅里即是 Belligamme (Weligama) 一説之文。據烈維的考訂，別羅里應在 Colombo，或其附近。可是菲力卜思所研究的地圖，（亞洲學會北華支部報第二十冊二二二頁及圖，）曾將高郎務 (Colombo) 位置於別羅里之西北，相距尚遠也。復次此名在更古時代或已著錄，案烈維在其文中所譯金剛智 (Vajrabodhi) 傳，說八世紀上半葉，金剛智曾至錫蘭之勃支利港。港中有波斯船舶三十五艘，在此交易寶石。（四二一頁）這箇八世紀的錫蘭大港勃支利，好像就是十五世紀初年的別羅里，或因勃支利之「支」有誤，或者因聲母有轉讀，致譯名有不同歟？

註一四　原文如此，疑是傳寫誤作魯忽謨斯，已而加以鉤勒，後來的書手或刻匠認鉤作乙，致有此誤。

註一五　案本文習用開舡或開船字樣，此處大綜下疑脫開字。大綜疑與前此所言之分綜相對言，而大綜猶言艦隊之大隊也，後此我別有說。

註一六　關於崑崙洋者，可參考麥邪兒思在中國雜誌第三冊三二五頁之考訂，並參考遠東法國學校校刊第二冊一三八頁，羅克希耳書一一三頁，蓋指越南半島東南之海而言。

註一七　赤坎名見武備志地圖，菲力卜思（第二十一冊四〇頁）以其地是 Cap Saint-Jacque，此名並見西洋朝貢典錄暹羅條，蓋為一種純料中國語名。此外在廣東福建沿岸，尚有若干地名赤坎。

註一八　可參考遠東法國學校校刊第四册二〇八頁，應是 Culao Rê，此島亦名 Poulo Canton。

註一九　即汕頭東之南澳（Namoa）島，參考遠東法國學校校刊第四册二〇八頁

註二〇　即籌海圖編卷一第十四圖上之望郎歸山。

註二一　此處重繫六月，與餘文書法不合。

註二二　籌海圖編卷一之第十六圖，福建境內有崎頭烽堠，不知與此名有無關係。

註二三　碗碟嶼未詳。

註二四　大小赤應是兩岩名，今未考其地。據本文應在太倉之南或東南，相距一日程。

註二五　此種名稱，以義言，得爲大八櫓二八櫓，然亦得爲馬來語 prāhū（方言讀作 parahu, parāu）之音譯而兼義譯。十五世紀末年歐洲人之記錄作 parao 或 paro，（參考 Yule, Hobson-Jobson, 733; Dalgado, Glossario Luso-Asiatico, II, 171）中國人所用之櫓，伊本拔禿塔業已言之。（參考契丹紀行第四册二六頁。）

觀上述行程，及其人數之衆，必爲鄭和之艦隊無疑。有一事可以證之：隨使之費信曾說一四三二年十一月十五至十七日（或十四至十六日）在翠蘭嶼（Nicobar）繫船三日。顧考上引里程，艦隊於一四三二年十一月二日在蘇門荅剌（Atcheh）開船，於同月二十八日到錫蘭山，則應在月中經過翠蘭嶼，與費信所誌相符也。

吾人既知一四三一至一四三三年鄭和所經之地，及停船之年月，然亦因之發生一種難題。上述里程表示去途到過占城、爪哇、舊港、滿剌加、註一蘇門荅剌、錫蘭山、古里、忽魯謨斯，歸程經過古里、蘇門荅剌、滿剌加、占城。核以西洋番國志之二十國，此處僅有八國。又據明史註二所載一四三一至一四三三年鄭和所至之國，尙有其名不見於

西洋番國志之加異勒甘巴里以及剌撒、木骨都束、不剌哇等國。有若干國之遺漏尚可解釋；鞏珍著錄有默伽（天方，）吾人由馬歡書知道到天方者，是洪太監在古里所遣乘土人海舟而赴默伽的差人，鄭和本人未去。至若關於阿丹、剌撒、木骨都束、不剌哇等國者，上述里程固以忽魯謨斯爲終點，費信亦言「直抵忽魯謨斯等國」，此語當然不包含有忽魯謨斯以外諸國不在「等國」以內之意。但是費信位置阿丹佐法兒（Djofar）竹步（Djobo）木骨都束卜剌哇（Brawa）等國如同天方，皆在傳聞諸國之列。至其將剌撒列在其親覽諸國之內者，或者在前次旅行中曾經到過，否則似在一四三三年初數月間，乘分䑸前往，艦隊本身並未超過忽魯謨斯。根據上述里程所載艦隊停泊忽魯謨斯之時，始一四三三年一月十七日至同年三月九日，或者就在此不足二月間，分遣一舟或數舟往阿丹同非洲東岸諸地。

註一　明史滿剌加傳（三二五卷三頁）說，一四三一年滿剌加「遣使者來言，暹羅謀侵本國，王欲入朝，懼爲所阻，欲奏聞，無能書者，令臣三人附蘇門答剌貢舟入訴，帝命附鄭和舟歸國」。此文又可證明鄭和奉敕出使事在一四三〇年，而在一四三一年時仍在國內，尚未出發也。

註二　諸傳皆作宣德五年（一四三〇），費信則位置在宣德六年（一四三一），其實船舶離開中國海岸確在一四三二年一月。明史蓋據一四三〇年敕令之時而言也。

還有一種更較困難的問題：鄭和本傳載其所歷諸國，有榜葛剌在內。西洋番國志有榜葛剌條。馬歡瀛涯勝覽記載榜葛剌之事甚詳，足證其曾親莅其地。費信星槎勝覽中之榜葛剌，列在親覽之國以內，並在「四次行程表」

中說他曾往榜葛剌國兩次，第二次是從鄭和等往。乃考上述的里程，一四三一至一四三三年之旅行，未曾到過榜葛剌，而且在七次旅行中我竟不能將鄭和到榜葛剌之事位置一次。

有一點應注意者：明史（三二六卷三頁）榜葛剌傳載一四一二年時，中國曾遣使者往榜葛剌。後言一四一五年遣侯顯使其國。傳中不見鄭和名。費信行程表說他在一四一二年第一次隨楊敕（或楊敏）等往榜葛剌國，至一四一四年回京。又於一四一五年隨鄭和等往榜葛剌諸番，直抵忽魯謨斯等國，至一四一八年回京。可是在費信星槎勝覽的本文中乃言「永樂十年（一四一二）并永樂十三年（一四一五）二次上命太監侯顯等統領舟師賫捧詔敕賞賜（榜葛剌）國王王妃頭目。」註一 並未言及鄭和。明史曾將星槎勝覽此文節錄於榜葛剌傳云「明年（一四一五）遣侯顯齎詔使其國，王與妃大臣皆有賜。」由是觀之，根據明史此文，費信僅言一四一五年遣使一次矣。

註一 通行本星槎勝覽作「永樂十三年二次上命少監侯顯等統舟師齎詔勅賞賜國王王妃頭目」。顯脫「永樂十年并」五字，否則將謂侯顯在一四一五年兩使榜葛剌矣。

考明史卷三〇四鄭和傳後附之侯顯傳：永樂初，顯爲司禮少監，註一 從陸道使西藏，至一四〇七年初始還。一四一三年春復奉命賜西番之尼八剌（Népal）地湧塔二國。尼八剌王沙的新葛（Śaktisiṃha）遣使隨顯入朝，表貢方物。（一四一四）註二 永樂十三年七月，（一四一五年八月五日至九月二日）「帝欲通榜葛剌諸國，復命註三顯率舟師以行。其國卽東印度之地，註四去中國絕遠。其王賽佛丁（Saifu-'d-Din）註五遣使貢麒麟；註六及諸方物；帝大悅，錫予有加。榜葛剌之西有國曰沼納樸兒註七者，地居五印度中，古佛國也。侵榜葛剌，賽佛丁告於朝，十八年九月，（一四二〇年十月七日至十一月五日，）命顯往宣諭，賜金幣，遂罷兵。宣德二年二月，（一四二七年二月二十六日至三月二十七日，）復使顯賜諸番，偏歷烏斯藏……諸國註八而還。（顯然從陸道）途遇寇劫，督將士力戰，多所斬獲，還朝，錄功陞賞者四百六十餘人。顯有才辨，強力敢任，五使絕域，勞績與鄭和亞。」

註一　一四〇三年侯顯使西藏時，卽爲司禮少監，（參考明史三三一卷一頁。）

註二　一四一四年尼八剌遣使入朝事，祇見明史本紀（七卷一頁）著錄，可是誤作國王沙的新葛入朝。國王名在明史本紀同侯顯傳中皆不誤，惟尼八剌傳（三三一卷七頁）誤作沙葛新的。烈維曾將此訛寫錄於其所撰尼八剌考中。（第一册一六九頁，第二册二二八至二三〇頁。）

註三　「復命」詎未含有侯顯上次旅行亦從海行之意。

註四　通行本星槎勝覽誤作「卽西印度之地，」天一閣本亦然。殆是原抄本中下有西通詔納福兒之句，傳寫者誤東作西。若謂費信親至榜葛剌，而視其地在西印度，絕無此理也。西洋朝貢典錄作「東印度之國，」與明史同，鄭曉亦然。（吾學編六八卷三頁。）

註五　菲力卜思（王立亞洲學會報一八九五年刊五三四頁）曾見一本寫此名作蹇佛丁，然未指出何本。（吾學編六八卷三頁卽是如此寫法）他曾想到是賽佛丁之誤，（王立亞洲學會報一八九六年刊二〇四頁）此名在明史卷三〇四同卷三二六中實作賽佛丁或賽勿丁。

註六　我譯麒麟作 girafe，因爲一四一五年麻林國所貢之麒麟，確是一頭 girafe 也。明史本紀（七卷一頁）證明榜葛剌所貢麒麟於一四一四年至中國，顯 girafe 非榜葛剌所產，應是從非洲輸入者。後在一四三八年又貢麒麟一次。榜葛剌國既在一四一四年貢麒麟，我頗不解一四一五年麻林國貢麒麟百官稱賀之理。據明史榜葛剌傳，（三二六卷三頁）一四一四年榜葛剌「貢麒麟及名馬方物，禮官請表賀，帝勿許。」好像一四一四年所貢之麒麟確爲 girafe，一四一五年麻林國貢麒麟時，帝亦不受賀，然御奉天門納之。否則勢須假定纂修明史的人誤以一四一四年榜葛剌貢麒麟不受賀事移屬一四一五年麻林所貢之麒麟矣。此事亦有其可能，或者麻林所貢之物是 girafe，而一四一四年同一四三八年榜葛剌所貢之物爲別獸歟？關於麒麟卽是 girafe 之考訂者，可參考費瑯(Ferrand)之說。（亞洲學報一九一八年刊第二册一五五至一五八頁）我尚有補充者，麒麟確是 girafe 之譯名，已見明代四夷館編華夷譯語中之波斯譯語。

註七 費信書作詔納福兒，（參考羅克希耳書四四〇頁，天一閣本誤作詔納福兒）明史（三二六卷四頁）云，一四一二年「遣使者齎敕撫諭其國，賜王亦不剌金(Ibrāhim)絨錦金織文綺彩帛等物。」後言榜葛剌使者懇請事，與侯顯傳同。又案明史（三二六卷七頁）底里(Dehli)傳，一四一二年遣使招諭底里王馬哈木(Maḥmūd)時，並賜沼納樸兒王亦不剌金。此沼納樸兒未經羅克希耳考定，當然是 Jaunpūr 之對音，時其在位之王確名苦思丁亦不剌金沙 Šamsu-'l-Dīn Ibrāhīm Šāh 也。中國雖有一四一二年同一四二〇年之遣使，然沼納樸兒王從未遣使至中國。

註八 此一四二七年之遣使，並見明史（三三一卷五頁）尼八剌傳。案中國使臣之從陸道赴尼八剌者，先經西藏中部。一四一八年遣使赴尼八剌，行經西藏中部以後，還過一地名曰野藍卜納，（參考 Bretschneider, Med, Res., II, 223）頗令人疑惑此地就是十八世紀時所譯 Ye-leng(=Patan) 同 Pou yen(=Bhatgaon) 兩箇地名之古譯。關於此晚譯二地名者，可參考烈維撰尼八剌考第一册六一頁，六五頁，一七二頁。顧 Patan 幾可以說是 Katmandou 之附郭，難道說一四一八年時尼八剌的都城不在 Katmandou 歟？

明史侯顯傳云，永樂帝在一四一五年時「欲通榜葛剌諸國，」其實在一四一五年前，中國已與榜葛剌發生關係。明史榜葛剌傳(三二六卷三至四頁)云，永樂六年（一四〇八）其王靄牙思丁(Ghiyāthu-'d-Dīn)註一遣使來朝貢方物。七年（一四〇九，）其使凡再至。自是比年入貢。十年，（一四一二）貢使告其王之喪，遣官往祭，封嗣子賽勿丁(Saifu-'d-Dīn)爲王。註二十二年（一四一四）嗣王遣使奉表來謝，貢麒麟及名馬方物。註三正統三年（一四三八，）又貢麒麟，百官表賀。註四

註一　參考王立亞洲學會報一八九五年刊五三三至五三四頁，菲力卜思撰文。又一八九六年刊二〇四頁改訂文，羅克希耳(四三七頁)曾轉錄漢語譯名，然未加考訂。

註二　上述貢使並見明史本紀各年下著錄。

註三　明史侯顯傳以一四一五年中國始與榜葛剌通，所以將貢麒麟事記錄於其後，其實貢麒麟事在一四一四年也。

註四　一四三八年榜葛剌貢麒麟事，並見本紀（明史十卷二頁）著錄。此外本紀並誌有一四二一年一四二三年一四二九年等年之貢使。

前據侯顯傳，一四一三年春侯顯復奉命至尼八剌地湧塔二國。第若據尼八剌傳，（明史三三一卷七頁，）則云永樂「十一年（一四一三）命楊三保齎璽書銀幣賜其嗣王沙葛新的（應作沙的新葛，）及地湧塔王可般。……宣德二年（一四二七，）又遣中官侯顯賜其王絨錦紵絲。」由是觀之，一四一三年之奉使者，在尼八剌傳中非侯顯，而代以吾人前此所言一四一三年奉使至西藏諸法王所之楊三保。三保去途，不知取何道，其歸途確循陸道也。

茲再就費信之行程表審之,據云:第一次在一四一二年,隨少監楊敕(或楊敏)等往榜葛剌等國,至一四一四年回京。然在星槎勝覽本文榜葛剌條中則云一四一二年出使者是太監侯顯,而不言楊敕。其所繫年當然是奉命之年,而非實在其國之年。第若如此,則侯顯傳所云侯顯在一四一三年出使尼八剌之事,不復可能。因爲他在此年奉使於外未還,應以尼八剌傳所言一四一三年楊三保使尼八剌一說爲是,因爲三保在此年並奉使至西藏法王教王數人所也。總之,出使尼八剌者常取陸道,出使榜葛剌者常取海道,其事亦屬自然。註一 由是亦可證明三保必非楊敕(或楊敏)之別號,因爲楊敕既在一四一二年與侯顯同奉使,晚在一四一四年始還京也。

註一 明代使臣赴尼八剌者固常取陸道,然不能謂中國與此國之交通不循他途。姑置七世紀時王玄策等之旅行不言,僅就元代說,元史(一三一卷八頁)有畏吾兒(Ouigour)人亦黑迷失(Yighmiš)傳,此人就是曾經參加遠征爪哇之役者。本傳說他在一二七二年奉命使海外八羅孛國,一二七四年偕其國人以珍寶奉表來朝。一二七五年再使其國,與其國師以名藥來獻。案此八羅孛必是尼八剌(Népal)國名西藏語名 Bal-bo 之對音。既云「使海外」,則至少在第一次所取之途,必經過南海及榜葛剌。

所餘者星槎勝覽本書中之牴牾。一四一二年出使榜葛剌者,在行程表中作少監楊敕,在榜葛剌條中則作太監侯顯。又若一四一五年一役,在行程表中作鄭和,在榜葛剌條中亦作侯顯。我以爲可以解釋如下說:侯顯在一四〇三至一四〇七年間初次奉使至雪山(Himalaya)一帶,或者就是一四一二年奉使尼八剌國之人。又好像他在一四一三年又同楊三保奉使至西藏諸法王教王所,可是並未參加一四一二年奉使榜葛剌之海行。至若一四一五年鄭和往榜葛剌諸番直抵忽魯謨斯等國晚至一四一八年還京一役,倒有一種難題。吾人確知鄭和在第三次旅行中實在一四一五年八月十二日回京。復在一四一六年十二月二十八日重奉使，至一四一九年八月八日始還。費信行程表對於第三次旅行的記錄，殆因受有第四次旅行紀錄之影響，「太監鄭和等」應是「太監侯顯等」之誤。如是方與明史侯顯傳及星槎勝覽榜葛剌條之記載符合。蓋侯顯既在一四一四年從尼八剌歸來，才能於一四一五年奉使往榜葛剌。旅行既有三年之久，不難「直抵忽魯謨斯等國。」但是此說不一定確實可靠，因爲「鄭和」之名稱既受下一次旅行之牽涉，「直抵忽魯謨斯等國」一語，亦得受其影響而爲信筆之記錄也。

所餘者，星槎勝覽榜葛剌條所說一四一二年同一四一五年二次命侯顯出使榜葛剌一事，我以爲此處文有脫誤。天一閣本之文云：「永樂十年（一四一二）幷永樂十三年（一四一五）二次上命太監侯顯等……，」通行本之文不同者，少「永樂十年幷」五字，改太監作少監。乃考上引之文，一四〇七年時侯顯已爲太監，核以費信行程表，一四一二年隨奉使少監楊敕等往榜葛剌之文，好像榜葛剌條之文應改作「永樂十年幷永樂十三年二次上命少監楊敕（或楊敏）太監侯顯等……。」如是一四一二年出使榜葛剌者是楊敕，（或楊敏）一四一五年出使榜葛剌者，是侯顯，其說始圓。

這些解釋，無論如何皆應將鄭和屏除於一四一五至一四一八年的旅行之外；可是又有難題發生：因爲鄭和或者到過榜葛剌國，馬歡的確到過榜葛剌國，又應作何說法呢？關於鄭和本人者，其第一次旅行在一四〇七年十月二日歸來，此次似乎不成問題。榜葛剌王第一次貢使是一四〇八年的貢使。設若此國與明之交通因鄭和之旅行始開，明史榜葛剌傳必明白著錄其事。而榜葛剌的貢使在一四〇七年時，必隨鄭和的來舟入貢。若說鄭和在第二次旅行中（一四〇八至一四一一年）到過榜葛剌，乃此次費信亦在行中，僅言一四一二年同一四一五年使臣至榜葛剌事，對於此次竟無一言，可見亦不成問題。第五次旅行行程至爲迅速，必無暇繞道至榜葛剌。第六次旅行未逾南海羣島。第七次旅行的里程吾人業已知之，未說到過榜葛剌。所餘者第三次旅行（一四一三至一四一五，）同第四次旅行（一四一七至一四一九，）好像鄭和的船舶在這兩次旅行中之一次到過榜葛剌國。明史本紀不能幫助吾人，因爲一四一五及一四一九年下皆未著錄有榜葛剌朝貢事也。顧馬歡在一四一三至一四一五年的旅行中確已加入。然在一四一七至一四一九年的旅行中不在隨使之列，而他是確曾到過榜葛剌的人。要使訪問榜葛剌之事並合於鄭和馬歡兩人，好像就是此一四一三至一四一五年的旅行，可是我恐怕這一說祇有一種相對的價值。馬歡的「紀行詩」曾說船舶離開蘇門荅剌西北角進向錫蘭時，曾有「分䑸」之事。案當時中國航海家確有在此處分道的情事，或自此往錫蘭，或自此往榜葛剌。但是一四一三年時如果有一鄭和所領的海船往榜葛剌，而鄭和本人不在其內，馬歡對於此事在紀行詩中必已言及。乃他並無一言，由是我以爲在此一四一三年時，馬歡未曾到過榜葛剌國。

馬歡之赴榜葛剌，既不在一四一三至一四一五年間一役，亦不在一四二一至一四二二年間一役，所餘者一四三一至一四三三年間馬歡第三次參加的旅行。證以祝允明所保存的詳細里程，當然不能說鄭和所統率的同費信所乘的大隊船舶在此時間到過榜葛剌。可是此處涉及「分綜」問題：註一我們從馬歡書知道太監洪某曾在一時統率分綜至古里，馬歡必然隨他同往。因爲洪太監差通事七人至天方，我們以爲馬歡應在其內。再者大隊船舶的行程明瞭，在去途中曾於一四三二年十二月十至十四日間泊古里。在歸途中曾於一四三三年三月三十一至四月九日泊古里。洪太監率分綜至古里之時，顯在大隊船舶不在古里之際。馬歡曾說自古里國開船行三個月方到天方國。又說洪太監所差通事七人到彼往回一年。由是我們應斷言洪太監自一四三二年一月十二日同大隊船舶發自福建，別駕一船巡航印度，不停爪哇，而在一四三二年四月到古里。復自古里差人到天方作來回一年之旅行歟？此種差人還至古里時，恰逢大隊船舶於一四三三年四月第二次行抵古里，遂與之聯合，（洪太監的分綜應早已與大隊船舶聯合了，）此事不無可能。可是我以爲不然。案明史本紀一四三三年下朝貢諸國中，列有天方。又從馬歡的來源或別的來源，我們已知道天方國王遣其臣沙瓛等將方物隨通事七人入朝中國。註二是年明史本紀著錄有「八月辛亥（一四三三年九月十四日）西域貢麒麟」一語，我想或者就是天方國所貢的麒麟。顧鄭和在一四三三年七月二十二日還京，皇帝在七月二十七日頒賞，設若天方的麒麟偕鄭和同至，然則何致於等到九月十四日進呈皇帝呢？如此看來，我以爲通事等回京時，晚於鄭和二月，所乘之船或是一個尋常商船，或者就是洪太監停在古里等候通事歸來之分綜。

註一　除開馬歡紀行詩所言在蘇門荅剌西北角的分綜，同此後所言一四三二年洪保所駕的分綜之外，還有一個第三分綜之例：瀛涯勝覽阿丹條說，一四二一年，命正使太監李某（或者就是李興）等到蘇門荅剌國分䑸內官周某領駕寶船數隻到阿丹。（參考兒溫達書五九頁）

註二　鈞案使臣沙瓛名見西洋朝貢典錄卷下天方國條附註。

可是還有疑問大隊船舶既須經行古里，鄭和爲何在先另遣一舟先往呢？我以爲洪太監所駕之船，並不是巡航古里之船。馬歡紀行詩曾說過在蘇門荅剌西北角分䑸時，大隊船舶巡往錫蘭，這些分䑸顯然就是巡航榜葛剌國的船隻。俟到此國以後再往古里。顧馬歡必在洪太監所駕船上，則他到榜葛剌時，應在一四三二年上半年中。馬歡卽在一四三一至一四三三年的旅行之後，將榜葛剌條追加於其一四一六年的撰述之內。此榜葛剌條在瀛涯勝覽中位置奇特，其故或者在此。蓋卷首目錄列舉諸國皆有次第，如蘇門荅剌、那孤兒、黎代、南浡里、溜山、榜葛剌、錫蘭，皆依次列舉；但是在馬歡原本同張昇改訂本的本文之中，榜葛剌條乃列在阿丹條後，忽魯謨斯天方兩條之前。可見榜葛剌條是後加之文，然而此說對於張昇本之沿革不無影響。此榜葛剌條同天方條既在一四三一至一四三三年的旅行後補入，而此本既爲張昇所識，則在張昇本中闕天方條，吾人不能再說張昇所見者僅爲一四三一至一四三三年的旅行前之馬歡瀛涯勝覽本也。勢須承認書末之天方條在張昇所見的馬歡寫本中偶而缺佚，抑或我們所見的張昇改訂本中原有天方條，亦偶而缺佚也。註一

註一　馬歡寫本或張昇改訂本有缺佚的假定，尙有一重要的旁證。蓋吾人所見的張昇本，不僅全佚天方條，而且緊接天方條前之忽魯謨斯條，亦闕四分之三。

鄭和七次旅行中尚有若干國未經明史列傳著錄在何次抵其國者，是爲那孤兒（Battak 永樂中）東西竺註一小葛蘭（Quilon?）竹步（Djobo 地在非洲東岸參考羅克希耳書六一五頁），比剌孫剌等國。祇有末二國有微貢一言之必要，其名並見鄭和本傳，皆其經歷之國也。顧本傳中未著錄有不剌哇（Brawa）國，羅克希耳（八二頁，又六一四頁誤作北剌，）遂假定比剌是不剌哇之誤。至若孫剌，則以爲是孫他（Sunda）之誤，（八二頁。）然明史（三二六卷四頁）有不剌哇傳，又在溜山傳（三二六卷六頁）後云：「又有國曰比剌，曰孫剌，鄭和亦嘗齎敕往賜，以去中華絕遠，二國貢使竟不至。」全部問題就是在知道，是鄭和本傳之國名本於此條，抑是此條乃因鄭和本傳所著錄的國名而發揮的記錄。我意以爲此二文同出一源，而此二國名在此源中已有著錄。至若鄭和本傳無不剌哇國，乃偶然闕佚也。可是此說並不能駁羅克希耳比剌卽是不剌哇之考訂，因爲明史常將一國譯名不同者分爲兩傳，如南巫里同南渤利已有先例也。至若孫剌，如是 Sunda（在爪哇，）則勿須改作孫他，因爲孫他可以轉讀作孫剌，前此已見 Sĕkandar 讀若蘇幹剌之例也。但是此種考訂，將使吾人止於馬來羣島（Malaisie）而與明史「去中華絕遠」一語不合矣。暫時我對於此名尚未能提出何種解說。

註一　明史（三二五卷七頁）柔佛（Johore）傳云：「永樂中，鄭和遍歷西洋，無柔佛名。或言和曾經東西竺山，今此山正在其地，疑卽東西竺。」案東西竺卽是羅克希耳在一二四頁所言之 Pulo Aor，並不是在六六頁同七五頁所言之 Anamba 島。（可並參考遠東法國學校校刊第四册二一六頁，三一九頁。）我疑惑鄭和未在東西竺停泊。星槎勝覽有東西竺條，必爲明史之所本。可是此條在費信書中列在傳聞諸國以內，他僅剽竊一三四九至一三五〇年的島夷誌略之文而已。（羅克希耳在六六頁曾言將譯島夷誌略此條，然在一二四至一二五頁，僅譯星槎勝覽東天竺條，而置島夷誌略不言。）此條開始有「蓬萊方丈」之語，古今說海本同，借月山房本誤作蓬萊萬丈，蓋由方誤万，又由万誤萬，譯文不察，遂作萬尺。（其實應作十萬尺）然在紀錄彙編本同天一閣本中皆作「方」，與島夷誌略同也。還有一種差別點，解釋較難。島夷誌略東西竺條云：「其地產椰子簟，」藤田校註以為「子殆心之譌，」因為一二二五年的諸蕃志著錄有椰心簟，謂以椰心草織之。（參考 Hirth & Rockhill 諸蕃志譯文二二〇頁。）此簟在一六一八年的東西洋考中名曰「蕉心簟。」乃考通行本星槎勝覽卽作「蕉心簟。」然在天一閣本中作「椰子簟，」此事足以證明費信在一四三六年所剽竊的島夷誌略已作「椰子簟」矣。可是刪潤星槎勝覽的人以蕉心草代之，於是復為東西洋考等書所轉錄，此蕉心草或者就是明代習用之稱也。

鄭和本傳所載鄭和經歷諸國，茲皆見之，僅餘西洋瑣里同瑣里兩國。此二國名在馬歡費信鞏珍等書中皆無專條，反之在明史（三二五卷六頁）中各有傳，從前已經說過。一四二三年時西洋瑣里曾遣使至中國，然在明史本紀中未見著錄。明史西洋瑣里傳云：「洪武二年（一三六九，）命使臣劉叔勉以卽位詔諭其國。三年（一三七〇）平定沙漠，復遣使臣頒詔，其王別里提遣使奉金葉表，從叔勉獻方物，賜文綺紗羅諸物甚厚，並賜大統曆。註一成祖頒卽位（一四〇二年七月十七日卽位）詔於海外諸國，西洋亦與焉。永樂元年（一四〇三，）命副使聞良輔行人寗善使其國，註二賜絨錦文綺紗羅。已復命中官馬彬往使，賜如前。其王卽遣使來貢，附載胡椒與民市，有司請徵稅，命勿徵。二十一年（一四二三，）偕古里阿丹等十五國來貢。」註三又瑣里傳云：「瑣里近西洋瑣里而差小。洪武三年（一三七〇，）命使臣塔海帖木兒（Taghai-tämür）註四齎詔撫諭其國。五年（一三七二，）王卜納的遣使奉表朝貢，幷獻其國土地山川圖。」註五案瑣里世人久已識為 Soli 之對音，蓋卽 Coromandel 沿岸

Choḍa 或 Chola 註六之方音的轉讀也。「西洋」一名，所指甚泛（如名毛夕里紗"mousseline"曰「西洋布」之類）然而我敢確信明史列傳誤分西洋瑣里同瑣里爲兩國。西洋瑣里國王別里提，我以爲就是瑣里國王卜納的，不過是兩次遣使譯名不同耳。一三六九年洪武命劉叔勉往使其國。一三七〇年又遣一使臣往，佚此使臣名，我以爲此使臣就是瑣里傳一三七〇年奉使的塔海帖木兒。別里提是劉叔勉的譯名，卜納的乃是塔海帖木兒的譯名，然其所指者皆是注輦（Chola）國王也。註七

註一　鈞案四庫總目卷一六九鵝湖集（明龔斆撰）提要有云：「又贈劉叔勉奉使西洋回序，稱洪武二年春詔叔勉往使，三年夏纔至西洋。而明史浡泥傳乃稱三年八月命御史劉敬之往使，閱半年始抵其國。年月參錯不合，自當以斆所記爲得其實，是亦足以資考證也。」四庫總目對於四裔的考證，疏舛譌誤，不可縷數，然無如此條之甚。考明史（卷三二五）浡泥傳，洪武三年八月使浡泥者，是御史張敬之，福建行省都事沈秩二人，乃將張敬之誤作劉敬之，其人縱名劉敬之，亦不當與劉叔勉牽合爲一也。

註二　明史並著錄聞良輔寧善一四〇三年使爪哇，（三二四卷九頁）一四〇四年使蘇門荅剌（三二四卷九頁）事。疑奉使兩地事在同年，明史誤以永樂元年作永樂二年也。聞良輔後爲湖廣按察使。（吾學編一卷二七頁。）

註三　明史（三二四卷六頁）云，一三七四年「諭中書及禮部臣曰，……惟高麗頗知禮樂，故令三年一貢。他遠國如占城、安南、西洋瑣里、爪哇、浡泥、三佛齊、暹羅斛、眞臘諸國入貢既頻，勞費太甚，今不必復爾，其移牒諸國俾知之，然而來者不止。」

註四　此塔海帖木兒或者卽是明史（三二八卷一頁）瓦剌（Oirat）傳永樂初數使瓦剌之答哈帖木兒，無論如何，原名皆同也。

註五　參考亞洲學報一九二二年刊第二册九八頁，費瑯曾在速來蠻（Sulaymān al-Mahri）（十六世紀上半葉人）書中見有假諸注輦（Cola）航海家著作之指示，乃註釋云：「如此看來，十五世紀及十六世紀時，有注輦人的『航海篇』之存在，此事好像無人言及。一

此處中國史文僅言其國土地山川圖，同不能知此圖之內容，要可證明注輦人之能繪圖也。據吾學編（六八卷三七至三八頁）一三七二年卜納的王所遣使臣名馬牙綮嘉兒斡的亦剌丹八兒。

註六　鈞案宋史譯名作注輦。

註七　羅克希耳對於此二名已感困難，嘗以瑣里爲 Coromandel，並假定西洋瑣里是 Coromandel 之南方海岸，可是此假定毫無根據。

現在對於兩本星槎勝覽同兩本之關係，還有幾句話說。前此已言兩本的序文所題年月日皆同，而內容極異，兩本之本文亦頗殊異。通行本星槎勝覽分四卷，不辨親覽同傳聞之國。天一閣本僅分前後兩集，前集記述親覽之國，後集記述傳聞之國。此外兩集各條之後皆繫以詩。由此方面觀之，星槎勝覽頗與澹生堂藏書目所著錄而爲吾人所未見的瀛涯勝覽本體例相類。設若瀛涯勝覽的紀行詩確爲馬歡自撰，則今本所存卷首詩，應是「瀛涯紀行詩」之餘詩。就此點言，一四三六年的費信不僅在標題方面，而且在每國之後繫以詩篇的體裁方面規仿的是一四一六年的馬歡書。顧費信之詩詞藻尋常，兩無可取，雖在通行本內刪除，不能算是一種損失。可是費信將諸國分爲親覽之國同傳聞之國，倒是一種具有特性的分配，所以我轉錄其目於下：

（甲）親覽目識之國：占城（Champa　羅克希耳書九二頁）註一賓童龍（Panduranga　九八頁），靈山（九六頁），崑崙山（一一三頁），交欄山（二六二頁）註二暹羅（Siam　一〇四頁），爪哇（Java　二四六頁），舊港（Palembang　一四〇頁），滿剌加（Malacca　一一七頁），九洲山（一二五頁），蘇門荅剌（Atcheh

一五六頁，）花面（Battak 一四七頁，）龍牙犀角（一二七頁，）註三龍涎嶼（一五九頁，）翠蘭嶼（三七四頁，）錫蘭山（Ceylan 三八一頁，）小唄喃（四四七頁，）註四柯枝（Cochin 四五二頁，）古里（Calicut 四六一頁，）忽魯謨斯（Ormuz 六〇五頁，）剌撒（六一六頁，）榜葛剌（Bengale 四四〇頁。）

註一　此後括弧中所註之頁數未著來源者，並出一九一五年刊通報羅克希耳諸文。

註二　鈞案此下原應有註，不知是刊落，抑是伯希和忘註此條，其考訂不知是否以 Geram 爲交欄。

註三　天一閣本著錄之國名如此，是亦島夷誌略之名，（參考羅克希耳書一二五頁，）通行本則作龍牙加貌。天一閣本之文，除未載條首著錄之距離里程外，餘文皆是採之於島夷誌略者。天一閣本此條中所載之麻逸布同八都剌布，與島夷誌略同，通行本則誤作麻逸凍布同八察都布。案島夷誌略之用龍牙犀角之名者，必是取其義，而非譯其音。羅克希耳改此名作龍牙角犀，而以其爲 Lankawi 諸島，我以爲其說非是，不如從藤田豐八之考訂較爲自然。藤田以爲龍牙犀角卽是諸蕃志之凌牙斯加（Leṅkasuka），殆不誤也。可參考亞洲學報一九一八年刊第二册一三五至一四五頁費瑯之文。至若如何由龍牙犀角轉爲龍牙加貌，尚無一說可供參考，卽自稱到過龍牙犀角之費信，亦無一言及之。

註四　天一閣本作小唄喃，通行本作小葛蘭，前已言之，小唄喃之名乃取之於島夷誌略者，元史早已有俱南（誤刊作貝南）之稱。（參考通報一九一四年四二五頁。）小葛蘭則爲瀛涯勝覽同明史之寫法，費信雖言曾親至小唄喃，然其文皆是採自他書者。

（乙）採輯傳譯之國：眞臘（Cambodge 一〇七頁，）註一東西竺（Poulo Aor 二二四頁，）註二淡洋（Tamiang 一四四頁，）註三龍牙門（二三二頁，）註四龍牙善提，註五吉里地悶（二五九頁，）註六彭坑（Pahang 二二〇頁，）註七琉球，註八三島（二六八頁，）註九麻逸（二六三頁，）註一〇假里馬丁（二六三頁），註一一重迦邏（二五三頁），註一二渤泥（Brunei, Bornéo 二六四頁），註一三蘇祿（二七〇頁），註一四大唄喃（四四八頁），註一五阿丹（Aden 六一〇頁），註一六佐法兒（Djofar 六一二頁），竹步（Jobo 六一五頁），木骨都束（Mogedoxu 六一七頁），溜洋（Maldives 三九〇頁），註一七卜剌哇（Brawa 六一四頁），天方（Arabie, La Mecque 六一九頁）。

註一　天一閣本中各條多首載距離里程，然此條自占城至眞臘之里程闕，餘文皆採自島夷誌略者。

註二　前已有考，全條皆採自島夷誌略。（羅克希耳忘將島夷誌略此條迻譯）天一閣本云：「歲藉隣邦淡洋米穀以爲食」除易「諸邦」爲「隣邦」外，文與島夷誌略同。

註三　全採島夷誌略之文。

註四　全採島夷誌略之文。

註五　此條通行本無，天一閣本之文蓋是抄襲島夷誌略之龍牙菩提條者，惟訛菩作善耳。藤田（校注五八頁）以爲卽是 Langkawi 諸島，亦卽菲力卜思地圖上之龍牙交椅，但是這件問題好像要重新審察。

註六　案卽 Timor，費信此條亦是抄襲島夷誌略者，惟今本島夷誌略作古里地悶，好像費信所據之本較今本爲佳。羅克希耳（二五八頁）謂世人對於古里（或吉里）尙無滿足的解釋，並屏除梵語 giri 一說。史萊格耳（通報一八九八年刊三七〇至三七一頁）好像在 kiri 同 Tiyuman 兩字中摸索已久。但是羅克希耳未考紀里尼（Gerini）之說，（Researches on Ptolemy's geography, 520）紀里尼曾考訂吉里地悶卽是 Gili Timor 之對音。據說 gili 猶言島，自 Madura 南岸達 Flores 北岸，有許多島嶼，皆有此前置詞。藤田曾採此說，（校注六三頁）可是還有別一地名，好像可以提出同一問題。明史（三二六卷七頁）有古里班卒傳，言其國在永樂中嘗入貢。設吾人暫置古里二字不言，所餘的班卒二字，祇能代表島夷誌略誌有專條之班卒。明史那篇很短的古里班卒傳之文，蓋係採自島夷誌略班卒條者。羅克希耳的譯文誤釋「嘗」作「常」，其實這箇「嘗」字僅表示過去時。明史所言入貢之事，或僅一次，況且記載的來源也很可疑。至若島夷誌略的班卒，無疑地就是明史（三二四卷九頁）爪哇傳中一四一五年「朝使所攜卒有遭風飄至班卒兒國者」之班卒兒，質言之，殆指蘇門答剌東岸之 Pančur 國。關於此國名之考訂者，可參考遠東法國學校校刊第四册三四一頁，又費瑯之考訂，見亞洲學報一九二二年刊第二册七二至七三頁。由此觀之，吾人有兩種可能性：當前，或者視明史之古里班卒，因古里（Calicut）班卒（Pančur）二國同時朝貢連書其名，修史者誤合二名爲一。或者古里班卒之古里，如同古里地悶之古里，別有所指。惟此第二說本身不能解決「古」或「吉」字之問題，蓋訛「古」爲「吉」，時常有之，（例若梵語謂棉曰 karpāsa，漢譯作「古貝」，而訛爲「吉貝」之類）。疑明史同島夷誌略諸寫本中亦有此訛也。特應知者，十五世紀初年島名用 gili 開始者，其範圍是否達於蘇門答剌東岸，而用 gili 者究竟是馬來羣島的何種語言。

註七　全採島夷誌略之文。

註八　通行本星槎勝覽無琉球條，而島夷誌略琉球條之文未經羅克希耳翻譯。（此條藤田有校注，見二至四頁，）天一閣本琉球條亦係抄襲島夷誌略者，惟增「能習讀中國書」一語耳。藤田以爲費信所採之島夷誌略琉球條，蓋指臺灣（Formose）。案臺灣與琉球問題，近年來在日本討論已歷，在此處無暇言之。

註九　此條不見通行本星槎勝覽，亦係完全抄襲島夷誌略者。案三島郎指菲律賓（Philippines）。

註一〇　全抄島夷誌略麻逸條。其地在島夷誌略中指菲律賓之一部，可是天一閣本附註云：「在交欄山之西」。（鈞案譯文誤作東，茲改正，）具見將菲律賓之麻逸同 Billiton 混而爲一，得視其始於費信本人也。通行本的删潤人又改此名作麻逸凍。明史（三二三卷八頁）的麻葉甕傳，襲取其文，觀傳中之一二語，似其所本者是通行本星槎勝覽。

註一一　兩本星槎勝覽皆作假里馬丁，由是可以推想費信所見島夷誌略本即是如此寫法，蓋其所抄襲者即是島夷誌略之文也。但是在吾人所見島夷誌略諸本中並作假里馬打，元史亦作假里馬答，蓋指 Karimata 島。觀此譯名之用「打」字，足證近代讀「打」作ta在一三四九至一三五〇年已然，第康熙字典僅常注其古讀作「頂」。

註一二　全抄島夷誌略，通行本星槎勝覽刪「鹽數樹及檳樹」一段，然在天一閣本中有之。羅克希耳未詳鹽數之義。藤田（校注五〇頁）以爲即是瀛涯勝覽蘇門答剌條中撦拔之別譯，即 Jordanus 同 Varthema 所記之 amba （刊本誤作 aniba），質言之檬果(mangue)是已。我意與之相符。費信此條最後諸名，亦是取諸島夷誌略者，惟若干抄本誤「員嶠」作「貝嶠」。羅克希耳及藤田豐八對於此名並無解，然其出於列子中之一故事，假借之跡顯然，是爲東海中之一仙島。羅克希耳對於彭里亦無考，此島似指 Bali。至若費信書之孫陀羅琵琶拖二名本身有誤。格倫威耳德藤田豐八二氏早已見之，蓋此二名既是採自島夷誌略者，而島夷誌略僅作孫陀琵琶也。孫陀必爲 Sunda （參考諸蕃志之孫他），我頗疑第二字是「陀」字的別寫「陁」字之誤。世人可以發生下一疑問，就是孫陀羅與明史之孫剌有無關係？意者費信在十五世紀初年所見的島夷誌略本孫陀有孫羅的別寫，於是併二名爲一名，而成孫陀羅歟？琵琶拖之「拖」亦得爲二名之並稱而省去「孫」字，由「陀」轉「陁」，終變爲「拖」也。

註一三　此條通行本星槎勝覽闕，亦係完全抄襲島夷誌略者。

註一四　此條通行本星槎勝覽闕，亦係完全抄襲島夷誌略者。

註一五　通行本作大葛蘭，此條抄襲的是島夷誌略小唄喃條。

註一六　費信自言未至其地，此條及佐法兒、竹步、木骨都束、卜剌哇、天方等條，皆不知其所本，殆是一四三三年一月至三月費信在忽魯謨斯得之傳聞者。其中不無有價値的記載，比方在佐法兒條著錄有 girafe 的阿剌壁語名，(祖剌法，一二二五年時的諸蕃志已有一種別譯)在卜剌哇條著錄有 oryx 的土名馬哈，皆其例已。

註一七　此條同瀛涯勝覽之文有不少共同點。費信必曾採用馬歡之書無疑，然其所本之源似不止此一種。關於此諸島之考訂者，可參考費瑯之說，見亞洲學報一九二四年刊第一册一一九至一二〇頁。天一閣本有加加溜安都里溜與瀛涯勝覽同，島夷誌略則名 Maldives 諸島作北溜，藤田（校注七九頁）以爲北溜是 Maldives 一名中 Mal- 之對音，我却不以爲然。

現在再就諸條本文審之，天一閣本所代表的，是一種比較通行本星槎勝覽的最古本。費信曾將一三四九至一三五〇年的島夷誌略廣事抄襲，顧此種抄襲之文，近於島夷誌略原本之文者，天一閣本較羅克希耳所譯的通行本尤甚。如此看來，通行本不僅顛倒各條次序，而且時常變更文詞。此改訂本中誌有新事歟？曰，在通行本各條條首所載距離里程中有之。註一　天一閣本於國名標題下固註有若干，如暹羅、爪哇、舊港、滿剌加、東西竺、淡洋、龍牙門、彭坑、龐逸、假里馬丁諸條標題下附註之類。可是在通行本各條條首本文中所收入者，比較更多。此種里程的指示，是否爲費信的原註？而在天一閣本中偶佚若干者，抑是改訂人所增入？某時有一佚名人在天一閣本所據抄之原寫本中加有此註，我對於這件問題，未作進一步的考證。

註一　兩本尚有另一不同之點：天一閣本無阿魯條，（羅克希耳書一四二頁）我以爲此條不能不上溯至於費信。好像是在天一閣本所據之寫本中脫漏此條，於是並將目錄中之阿魯國名刪除。不然，就應承認通行本即是費信本人刪訂，此條乃費信所增。

此改訂通行本之人，吾人對之毫無所知。此本之刻於一五四四年的古今說海中，當然給予吾人一個較古的年代。顧在這部叢書中有不少撰述刪訂，初視之，好像刪訂人就是古今說海的編輯人。況且一五二〇年時，西洋朝貢典錄的撰人所見本，即是原本，可爲旁證。然而我以爲不然。我確信構成星槎勝覽通行本之改訂本在十五世紀下半葉中早已存在。取前引陸容（一四六六年進士）菽園雜記之文，足以證之。茲錄其全文如下：註一

註一　見紀錄彙編節本，一八一卷三至四頁。守山閣叢書足本，三卷三至四頁。關於陸容者，可惟參考識書紀事詩，二卷二九頁。

「永樂七年（一四〇九），太監鄭和王景弘侯顯等註一統率官兵二萬七千有奇，駕寶船四十八艘，齎奉詔旨賞賜，歷東南諸蕃以通西洋。是歲九月，由太倉劉家港開船出海，所歷諸蕃地面，曰占城國，曰靈山，曰崐崙山，曰賓童龍國，曰眞臘國，曰暹羅國，曰假馬里丁，註二曰交闌山，曰爪哇國，曰舊港，曰重迦邏，曰吉里地悶，曰滿剌加國，曰麻逸凍，註三曰彭坑，註四曰東西竺，曰龍牙加邈，曰九州山，曰阿魯，曰淡洋，曰蘇門荅剌，曰花面王，註五曰龍㠗，註六曰翠嵐㠗，註七曰錫蘭山，曰溜山洋，註八曰大葛闌，註九曰阿枝國，註一〇曰榜葛剌，曰卜剌哇，曰竹步，曰木骨都東，註一一曰阿丹，曰剌撒，曰佐法兒國，曰忽魯謨斯，曰天方，曰琉球，曰三島國，曰浡泥國，曰蘇祿國。至永樂二十二年八月十五日，（一四二四年九月七日）詔書停止。註一二諸蕃風俗土產，詳見太倉費信所上星槎勝覽。」

註一　關於王景弘的名稱，尤其是侯顯的名稱之著錄，前已有說，詳考侯顯傳，可以斷言此役他未參加，但是可以尋究他的名稱在陸容所見的星槎勝覽寫本中是否有之。

註二　應作假里馬丁，可是一六一八年的節本同守山閣叢書的足本訛誤皆同，足證其皆本於菽園雜記的原刻本。

註三　可見陸容在此處著錄的是改訂本之麻逸凍，而非天一閣本之麻逸。

註四　兩種刻本並作彭坑，至若島夷誌略同兩本星槎勝覽皆作彭坑。

註五　蓋爲花面王國之省稱，天一閣本目錄作花面三國，顯是花面王國之誤。天一閣本本文則作花面國，通行本卷三目錄及本文標題皆作花面國王，亦是花面王國之倒誤。

註六　應作龍涎㠗。

註七　兩本星槎勝覽並作翠藍嶼，此處之翠嵐嶼，殆是陸容傳寫之誤。

註八　天一閣本目錄及本文並作溜洋國，通行本作溜山洋國，馬歡作溜山洋國，張昇改訂本書作溜山。費信顯曾採用馬歡書，則其原文必作溜山洋國，與通行本所著錄者同。陸容傳抄之名應脫國字。

註九　可見陸容所採用的是通行本的寫法，而非費信逕採之於島夷誌略的嗔喃。此外顯將小葛蘭（天一閣本的小嗔喃）一名脫漏。

註一〇　應作柯枝，案寶顏堂祕笈本同續說郛本瀛涯勝覽皆同此誤。（紀錄彙編本獨否。又據四庫總目（七八卷十五頁）所引西洋番國志目錄，亦作阿枝，蓋是偶然相合也。

註一一　應從兩本星槎勝覽作木骨都束。

註一二　紀錄彙編本之文誤作永樂二十一年，其時確爲一四二四年九月七日也。後此言及寶船時，對於此次詔書將別有說。

此文開始數語，蓋是取諸星槎勝覽卷首者，甚至列舉之國名，其次第，及其寫法，皆與改訂本星槎勝覽同。註一其末一語亦與改訂本首載一四三六年序言進呈之意相符，然與天一閣本序文殊異。如此看來，陸容在十五世紀下半葉中所見星槎勝覽本，即是改訂的通行本。可是有一不同之點，蓋其所著錄之國，有琉球、三島、浡泥、蘇祿四國。此四國雖見天一閣本，改訂本中無之，乃改訂本毫無删除此四國之理由也。顧考陸容之文，其所見之改訂本，此四國列在最後。答解不難：蓋在此處所發生之事，與張昇改訂的瀛涯勝覽闕佚忽魯謨斯條後文及天方條全文之事相同。一五四四年所刻的改訂星槎勝覽本，與一六一八年所用的那部相近本，後四條並已闕佚也。第陸容在十五世紀下半葉既已見有此四條，足證改訂星槎勝覽本原已有之。

註一　鈞案國名列舉次第，皆與改訂本同，惟除後四國外，尚闕龍牙門、小葛蘭、古里三國。前二國殆因與龍牙加貌、大葛蘭兩國名前後緊接，陸審誤合兩國爲一國，（其實可將大葛蘭併入小葛蘭，蓋大葛蘭當時或無此國也。）惟古里國名脫漏不可解。

如前所述，星槎勝覽通行本至少在十五世紀下半葉必已存在。由是吾人可以自問，此本是否爲費信本人改訂者歟？改訂之理由不難說明，蓋因原文俚陋，特加以潤色以供上呈皇帝之用。此所以通行本序文與天一閣本序文語氣不同。根據此種假定，改作序文仍題同一年月者，乃是費信本人。他改其文，删其詩，此外據改訂序，並有圖寫成帙之事。由是可解原本僅兩卷，删去詩篇已去其內容四分之一，而竟成四卷之理。蓋加以繪圖，每國附以圖畫，所以成爲四卷。如果天一閣本之闕阿魯，不是出於偶然，則阿魯條之加入，必在此時。費信必將其改訂本抄存一部，一五四四年同一六一八年的刻本所根據者，應是這部抄本。（惟脫佚後四條）但是天一閣本所代表的原本既亦流行，好像進呈之本在費信視之，殆爲一種定本。删訂之時似乎較晚，則吾人祇能說天一閣所代表的原本是一四三六年本，通行本成書在後，僅較原本晚成數年。

（三）西洋番國志

西洋番國志無卷數，應天（南京）人鞏珍撰。珍在一四三一至一四三三年一役隨從鄭和等出使西洋，時爲幕府書記，回國不久編成此書，記所歷諸番凡二十國。我已將此二十國名轉錄於前，（根據四庫總目卷七八）茲僅指出其所譯國名與他書異者。設若四庫總目所轉錄之國名不誤，則鞏珍書有下列之異譯：（一）啞嚕，瀛涯勝覽作啞魯，通行本星槎勝覽作阿魯，明史（三二五卷七頁）則取費信的譯名，並附馬歡的譯名。（二）喃勃里，瀛涯勝覽作南浡里，明史作南渤利，星槎勝覽則用舊譯南巫里。（三）溜山，可參照七八頁註八。（四）小葛蘭，則與瀛涯勝覽及通行本星槎勝覽之譯名同。（五）阿枝，應改柯枝，顯是四庫總目編纂人沿襲所見寫本之誤。（六）古里，與諸本所著錄之名合，由是可見張昇本瀛涯勝覽特有之古俚毫無根據。（七）忽魯謨斯，與瀛涯勝覽寫法同，然兩本星槎勝覽（與羅克希耳書六〇五頁所著錄者相反）同明史皆作忽魯謨斯。

不幸，迄於今日吾人無一人能獲見此書！四庫總目所著錄之本，是浙江巡撫採進本，浙江採輯佚書總錄（戊——七一至七二頁）並見著錄。可是僅轉錄讀書敏求記之文，兼有差誤。四庫總目的提要業經羅克希耳（八十頁）翻譯，著者僅言「所記與明史外國傳大概相同，疑史採用此書也。」

此書顯然不大流行，四庫將其列入存目，所以在今日尤難覓得。至若我所見關於此書之惟一題跋（或者此跋作於四庫全書編成之後，要與四庫提要無關，）就是見於彭元瑞（一七三一至一八〇三）註一的「知聖道齋讀書跋」尾中之一跋（一卷二九頁），此跋內容無甚可採。

註一　關於彭元瑞者，Moule 別有考，見通報第二十七册（一九三〇年刊）一八三頁。

但是在四庫總目以前很久，錢曾（十七世紀第三個二十五年中）的讀書敏求記已有西洋番國志的記錄。此記錄較之鞏珍原書，固然材料甚少，可是包含有些很有關係的材料。翻譯雖然不易，我不能不勉爲其難，將其全

文辭出。註一

註一　我所根據的是章鈺補輯之讀書敏求記校證，一九二八年版，二之下二八至三〇頁。西洋番國志並見錢曾的另一書目曰述古堂藏書目者著錄，（粵雅堂叢書本十五頁，）可是其中所見的唯一新記載，就是說此本是抄本。約當錢曾半世紀之前，錢謙益曾收藏有西洋番國志，因爲他的絳雲樓書目（粵雅堂叢書本一卷三二頁）著錄有使琉球錄，下註云：「二卷蕭從景鞏珍西洋番國志。」此二卷本的使琉球錄，顯然就是千頃堂書目（八卷十六頁）所著錄的「蕭從業使琉球錄二卷。」此二書目所著錄的撰人名不同，不知孰誤。而且不能說一部二卷本的使琉球錄，採錄有敍述二十國的一卷本西洋番國志。殆是鞏珍的西洋番國志原是書目，誤錄入使琉球錄註中。

「鞏珍西洋番國志一卷」

「永樂初，敕遣中外重臣循西海諸國。宣宗（宣德）嗣位，註一　復命正使太監鄭和王景弘等往海外徧諭諸番。時金陵鞏珍從事總制之幕，往還三年，所至番邦二十餘處。在處詢訪，紀錄無遺。宣德九年（一四三四），編次成集。予觀其序事詳核，行文贍雅，非若星槎勝覽等書之影略成編者。註二 蓋三保下西洋，委巷流轉甚廣，內府之劇戲，註三 看場之平話，註四　子虛亡是，皆俗語流爲丹青耳。今夷考之，此册首載永樂十八年十二月初十日，（一四二一年一月十三日），勅太監楊慶往西洋公幹。註五　永樂十九年十月十六日，（一四二一年十一月十一日），勅內官鄭和孔和卜花註六　唐觀保，今遣內官洪保註七　等送各番國使臣回還，合用賞賜，即照依坐去數目關給與之。宣德五年五月初四日，（一四三〇年五月二十五日），註八　勅南京守備太監楊慶羅智註九　唐觀保大使袁誠，註一〇　今命太監鄭和往西洋公幹。大小海船，該關領原交南京入庫各衙門一應正錢糧，並賞賜，并原下西洋官員買到物件，及隨船合用等物，勅至即照數放支與太監鄭和王景弘李興註一一朱良楊眞右少監洪保等關領前去應用。詳觀前後勅書，下西洋似非鄭和一人，鄭和往返亦似非一次。惜乎國初事蹟記載闕如，茫無援據，徒令人興放失舊聞之歎而已。」

註一　此謂，寶船停罷事在一四二四年洪熙在位時。宣德即位在一四二五年，後至一四三〇年時，始復命鄭和等往使西洋，如永樂故事。

註二　星槎勝覽同採錄島夷誌略之文不少；然瀛涯勝覽則否。

註三　章鈺云：「案也是園目古今雜劇類，明朝故事有『奉天命三保下西洋』一目。」

註四　隱喻一五九七年刊行羅懋登所撰之西洋記小說。

註五　別有一勅命太監楊慶再奉使。

註六　Köng-kä-Buqa?，明初諸帝所用蒙古官吏不少，如前此所言之塔海帖木兒，即其一人。此名或者是一純粹蒙古名稱，或者「孔」是姓，「和卜花」是名。然後一說似不足取，況且鮮有僅用「卜花」作人名者，所以我視孔和卜花非二人名。

註七　此洪保嗣後在一四三一至一四三三年一役中偕鄭和同使西洋。

註八　此處繫月與明史異，蓋明史載遣使事在陰曆六月，（一四三〇年六月二十一至七月十九日），或者此處之五月，乃因五年之「五」牽連所致，則須改爲六月，而降勅之時在一四三〇年六月二十四日矣。

註九　一作羅志。

註一〇　一作哀城，似誤。

註一一　李興曾在永樂元年九月（一四〇三年九月十七至十月十五日）奉使暹羅，可參考明史卷三二四同卷三〇四。又在一四二一年奉使到蘇門答剌命分腙內官周某赴阿丹之李太監，疑亦指此李興。由此觀之，遣使下西洋的次數，較鄭和本傳所載者爲多，因爲鄭和第五次旅行，始一四二一年五月三日，終一四二二年九月三日。同時又有一四二一年一月十三日太監楊慶往西洋公幹。一四二一年十一月十一日內官洪保等送各番國使臣回還。一四二一年未詳何月日李太監赴蘇門荅剌。共計此年寶船之縱橫印度洋上者，已有四隊矣。

觀錢曾所記，足知西洋番國志首載詔書。此種詔書記錄一四三一至一四三三年一役隨同鄭和出使諸要人姓名。其中一四二一年的詔書，有勅內官鄭和等一語，似誤，因爲鄭和此時尚在第五次旅行中也，殆是誤將其名錄入。總之，據錢曾這篇記載，更使吾人切願終有一日獲見罕珍原書。

(四) 西洋朝貢典錄

書共三卷，註一 麥耶兒思曾在一八七四至一八七六年的中國雜誌中，首先翻譯此書若干條。羅克希耳（七六至七九頁）對於此書有考，兌溫達（十五至十七頁）亦同。羅克希耳並將四庫總目關於西洋朝貢典錄的提要翻譯，惜有若干錯誤，兌溫達曾將其中一種重大錯誤糾正。（關於文徵明者。）

註一 千頃堂書目八卷十七頁著錄黃省曾西洋朝貢典錄二卷，明史九七卷十二頁據以轉錄。殆是書目誤三作二，或因黃省曾此書用上中下分卷。千頃堂書目編輯之人檢閱此書過速，僅見上下二卷，致有此誤。總之，此書今尚未見有卷數不同之本，而錢曾所抄黃省曾手稿卽作三卷也。

撰人黃省曾，字勉之，註一 吳縣人，一五三一年舉人。書首有黃省曾自撰序，後題年月日可當一五二〇年七月十三日。其中有一要語云：「余乃摭拾譯人之言若星槎瀛涯鍼位諸編一約之。」麥耶兒思以爲「鍼位編」是一部航海訓教，（鍼位猶言羅盤鍼所指之方位。）羅克希耳以爲所指者不必爲一書得爲地圖上所註之鍼位。兌溫達則視爲一書，但僅稱之曰「鍼位」耳，此說不無理由。可是鍼位二字不能獨用爲一書之標題，黃省曾既將星槎勝覽瀛涯勝覽省稱曰星槎曰瀛涯，亦得將此第三書省稱之曰「鍼位」。西洋朝貢典錄卷上之蘇祿條，卷下之小葛蘭條，亦曾省稱星槎勝覽曰星槎編也。所以雖不能承認鍼位編必爲第三書之正確標題，然亦不能將其否認。註二

註一　黃省曾有兄名魯曾，字德之，關於黃省曾者，可參考蘇州府志卷九九，明儒學案卷二五，藏書紀事詩卷二五七頁。

註二　黃省曾在此書中轉錄航海訓教時，常用「鍼位」二字，顯是取之於所謂鍼位編者。然從未仿「星槎編」之例明言其出於「鍼位編」。此外黃省曾曾用「指」以代鍼位，（鈞案若卷中溜山國條之記錄，卽屬此類）然則與弗カト忠刊布之地圖，及阿剌壁人的製圖術，有關係矣。

四庫總目所著錄之江蘇巡撫採進本西洋朝貢典錄，未言其爲寫本，抑爲刻本，要必爲一種寫本無疑。蓋黃省曾未將其書付梓，而吾人未見有十九世紀以前刻本之蹤跡也。祝允明（一四六〇至一五二六）的祝枝山全集，（一九一〇年重刻本二五卷一至二頁）載有一篇迄今尚未有人指出的西洋朝貢典錄序，此序不見於西洋朝貢典錄諸刻本中，然而僅爲一篇無興趣的文章，無甚可取。十七世紀第三個二十五年中，錢曾的書目，（讀書敏求記校證二之下十五頁）著錄有一部重譯圖經，內有圖一百三十有四，似繪於明代後葉者。據說此書曾博採朝貢典錄等書而成，惟今已不傳。錢曾又在也是園書目同讀書敏求記中著錄有西洋朝貢典錄，僅在後一書目中誌有

若干有關係的話。（讀書敏求記校證二之下三十頁）註一 據其所引東川居士孫允伽跋云：「此書序見黃公五岳集註二 久矣，往來於胸中者三十年。歲己未（一六一九）錢受之註三 搜祕册於郡城故家，得黃公手稿，歸以貽予，遂命童子錄之。此書初未入梓，自稿本外，只此册耳。」

註一 兌溫達（十五頁）誤以讀書敏求記為一部翻印的叢書，收有西洋朝貢典錄本，其實此記是一部書目。

註二 案五岳山人集三十八卷，四庫總目卷一七七有提要。

註三 即錢謙益，（一五八二至一六六四），可參考藏書紀事詩三卷二至四頁，圖書館學季刊（Library Science Quarterly）第一册四五四至四五五頁。

據四庫總目提要，江蘇巡撫採進本西洋朝貢典錄末有二跋，一為東川居士孫允伽跋，一為清常道人趙開美跋。然此二跋皆不見於十九世紀諸刻本中，兌溫達頗惜未能考此二跋尾人在生的時代。

但是自從一六一九年錢謙益發現手稿以後，這部書流傳的經過不難考求得之。錢謙益的藏書所絳雲樓，在一六五〇年幾盡焚燬，黃省曾的手稿必在此時被焚。註一 幸而孫允伽留有一部鈔本。允伽亦甚知名，他所撰的跋，題年始於一五九八年。註二 觀上引之跋，足見在一六一九年他還在世。如此看來，他活動的時間，要在十七世紀最初二十五年時。至若趙開美，乃道人，並非羅克希耳同兌溫達所譯的道士。又一方面四庫總目提要著錄此人名稱有誤，因為清常道人實名趙琦美，此人就是有名文人趙用賢三子中之長子。註三 趙琦美曾在一篇一六〇八年的跋尾中言及其友人孫允伽。趙琦美藏書所名脈望館，藏書極富，顯然並藏有孫允伽所鈔的西洋朝貢典錄。四庫總目證明他對於此書亦有題跋。可是趙琦美死後，其書盡歸錢謙益。一六五〇年絳雲樓被焚時，藏書之能救出者，大半皆是脈望館的遺書，嗣後我不知因何理由，錢謙益將這些書完全贈與其年齡較幼的族人錢曾。註四 如此看來，錢曾所藏的這部鈔本，除有孫允伽跋外，應並有趙琦美跋。後來的進呈本，大概是錢曾所藏本之鈔本，可是後來的鈔本雖皆本於錢曾本，然不復有孫允伽趙琦美二跋。

註一　錢謙益所藏西洋朝貢典錄本，絳雲樓書目一卷三二頁已有著錄，然未舉卷數。

註二　參考藏書紀事詩三卷十八頁。

註三　可參考藏書紀事詩三卷三七至三九頁。據讀書敏求記二之上二九頁，錢謙益之初學集有趙用賢神道碑。又據藏書紀事詩，錢謙益撰有墓表。（後檢四部叢刊本初學集六二卷六頁，趙用賢神道碑言用賢有三子，曰琦美，曰祖美，曰隆美。又檢同書六六卷十六頁。趙琦美墓表得悉其人生卒年始一五六三，迄一六二四。琦美別撰有鐵網珊瑚，世人常誤以此書撰人屬朱存理。余紹宋在書畫書錄解題六卷四三頁「鐵網珊瑚條」中，謂不知琦美爲何許人，未免失考。祇須檢尋中國人名大辭典，即足知之也。）

註四　錢曾是錢謙益的族人，較晚三輩，然兩人年齡相去不過五十年。沙畹（Chavannes）（通報一九一四年刊一六八頁）謂錢曾在一七四五刊行讀書敏求記，此說誤。一七四五年時固有此書刻本，然爲身後的刻本。讀書敏求記校證之序跋題記（八頁，）考訂錢曾生於一六二九年。此外可參考藏書紀事詩四卷六至八頁，同圖書館學季刊第一册四五五至四五六頁。關於錢曾所得趙琦美之藏書者，除藏書紀事詩外，可參考讀書敏求記校證二之上二八頁，及二九頁，又二之下七至九頁。

由此考證，可以對於兌溫達所提出的一種假定，作一定讞。案西洋朝貢典錄除本文外，尚有附註。或因本文過簡，詳註其事，或註明該條所言之國與中國使臣往來之事。前一類的註子，常取材於馬歡書；後一類的註子，所本之源與明史異。然與鄭曉（一四九九至一五六六）吾學編中之皇明四夷考有密切之關係。兌溫達以爲此類註釋應係由孫允伽或趙琦美增入，我以爲此說似非眞相。此二藏書家對於他們所藏的刻本或寫本固作一種校勘的註釋，然未箋註何種新文。最單簡的解說勢須承認註釋者卽是黃省曾本人。關於採自馬歡書的註釋，毫無難題，黃省曾所本的是馬歡原本瀛涯勝覽。（星槎勝覽也是採的費信原本，）至若關於使臣的註釋他所本之源，同後來不久鄭曉所本之源一樣。

西洋朝貢典錄的初刻本，就是一八〇八年張海鵬的借月山房彙鈔（一名澤古叢鈔）本，列在同年刻的星槎勝覽之前。註一 此本占城條（一卷三頁）中有若干闕文，道光年間（一八二一至一八五二）錢熙祖（就是刻守山閣叢書者）的指海中亦有刻本，惟此叢書很稀，我未見過。嗣後在粵雅堂叢書中亦有刻本，刻書人的跋尾題年是一八五〇年。羅克希耳同兌溫達所見者祇此一本，書首序中闕一字，然在張海鵬本中有之。此二本尚有其他不同之點，好像粵雅堂叢書本未曾勘校過先前刻的兩種版本，可是證以占城條闕文之同，所據的原本之關係顯然。最後別下齋叢書亦刻有西洋朝貢典錄，占城條的闕文仍然一樣，可是序文中的闕文簡單删除，不留空白，此本同別二本詞句亦有差異。總之，現在並無校勘過的西洋朝貢典錄刻本，諸本皆本於同一鈔本，而非彼此互相鈔錄者，所以必須將諸本皆取來勘對。

註一 我所根據的是一九二〇年的覆刻本。

兌溫達在其緒說之末，敍述菲力卜思在一八八六及一八八七年所刊布的地圖之歷史，此種考證頗有功用。因爲菲力卜思以此圖出於晚近出版的武備祕書，其實乃出於茅元儀的武備志卷二四〇。此書前序題年是一六二一年，進呈之年是一六二八年。註一 但是兌溫達未曾直接參考武備志本，現在我尚須等待巴黎漢學院所購武備志寄到巴黎以後，然後再爲這幀重要地圖的研尋。

註一　關於茅元儀者，可參考藏書紀事詩三卷二五頁，千頃堂書目二八卷十七頁。羅振玉的雪刻書目辛輯三頁著錄有一部明版茅元儀的著作，內有書十一種。（然無武備志。）

兌溫達在他很豐富的緒說以後，於其書二四至七四頁中，糾正羅克希耳所譯張昇本瀛涯勝覽之譌誤，並比較張昇本與馬歡原本之異同。顧張昇本中忽魯謨斯條闕四分之三，天方條全闕，今賴兌溫達譯其全文，此外賴他獲有不少有益的考證。詳細審之，似此兩本之異同不僅文字，尚有其他差別點必須指出。蓋我以爲瀛涯勝覽，星槎勝覽，西洋朝貢典錄三書之能完全引用，必須根據一切原刻本，甚至旁採改訂本中之異文，作一種全部之翻譯也。兌溫達之考證，對於將來的譯人頗有功益，我也想輔助這種預備工作，提出若干考證。註一

註一　鈞案此後各條首所引頁數，皆兌溫達書之頁數。顧此書之轉爲漢文，未能預卜何年，玆爲讀者便於檢尋起見，根據紀錄彙編本瀛涯勝覽分題國名於各條之首。如前題占城條者，應在瀛涯勝覽占城條中求其出處。

占城條

〔二四頁　勝朝遺事本作「在廣東海南大海之南，」比較兌溫達所譯之文較爲充足。〕

二四頁　原文云「番人五六十家，」我曾改十作千，今願放棄此說。可是兌溫達應知馬歡書「岸有一寨番設比柰二馬頭爲主」之文顯有譌誤，似應改作「岸有一寨番名設比柰以二夷頭爲主。」〔勝朝遺事本作「岸上一寨名設比柰以二頭目爲主。」〕

〔二四頁註一　我從前在遠東法國學校校刊第三册六四九至六五四頁裒輯了若干關於賓童龍（Pāṇḍuraṅga）的史文，後來雖在校刊第四册二一六至二一七頁補輯了若干條，可是須要增加的還有不少。茲僅指出兩條：藤田豐八（校注九三頁）引宋會要（未刊本）眞里富國條云「自其國放洋五日抵波斯蘭，次崐崙洋，經眞臘國（Cambodge），數日至賓達椰國，數日至占城（Champa）界……」可參考諸蕃志譯文五六頁，此處之賓達椰顯是賓達椰之誤，所指者必是賓童龍。此外島夷誌略中除著錄賓童龍外，（羅克希耳九七至九八頁）別有民多朗條。羅克希耳（六五頁）疑此地在馬來半島，顧此民多朗條在島夷誌略中次於占城賓童龍兩條之間。藤田（校注十七頁）業已想到島夷誌略中民多朗與賓童龍之判別，同嶺外代答中賓陁陵與賓曈朧之判別相類。（關於一一七八年嶺外代答之文者，可參考遠東法國學校校刊第三册六五〇頁）我以爲藤田此說不錯。〕

二四頁註四　紀錄彙編本實無「西」字。（然在勝朝遺事本中有之。）

〔二四頁　紀錄彙編本「王居之城番名曰占」，勝朝遺事本「占」作「佔」，與黃省曾（借月山房本）寫法同，馬歡書中原寫法應亦作「佔。」又如占城海口之港，（歸仁，）勝朝遺事本作新洲，與張昇本及黃省曾（學雅堂本）所著錄者並同。）

（二五頁 紀錄彙編本之「頭戴金級三山玲瓏花冠如中國中淨之樣。」勝朝遺事本「金級」作「金鈒，」「中淨」作「副淨，」應以金鈒爲是，黃省曾寫法亦如此也。至若中淨或副淨，未詳。此種裝飾祇能在舉行宗教禮儀中有之，兌溫達以屬回教，我以爲其說非是。）

二五頁 「不食草料惟食刺樹刺葉，併食大乾木，抛糞如染坊黃攎楂。」兌溫達譯文有誤，且以攎作擄解，以楂作揸解，並非。吾人在此處不能取西洋朝貢典錄之文對勘，緣諸本適在此處有闕文也。但是僅據吾人所見馬歡瀛涯勝覽惟一版本之文，亦不難索其解。歿於三三〇年頃年八十歲之葛洪，曾言犀牛尤嗜食毒 草 刺樹。（參考 Laufer, Chinese Clay-figures 一三九頁，）「攎」字應是「櫨」字之誤。黃櫨卽是 Rhus succedanea，楂與渣義同。馬歡書中卽有檳榔渣，（六二卷十頁爪哇條，）翟理斯書中有紫梗渣。黃櫨渣者，實指染坊所用之黃櫨渣也。（勝朝遺事本作「不食草料，惟食刺桐葉，幷指大乾木，糞如染黃盧木。」此文雖亦有訛寫，顯較紀錄彙編之文爲良。刺桐或曰是 Populus balsamifera，或曰是 Acanthopanax spinosum，無暇在此處辨別，可參考 Smith, Chin. Mat. Med. 四及三四七頁。）（鈞案此二名似皆非刺桐，前者疑是植物名實圖考之靑楊，後者疑是本草綱目之五加，應作 Eythrina indica 也。）

二六頁　「似川荔枝皮」一語中之「川」字非誤。今日四川尚有不少出產，卽以川字冠於名上。（勝朝遺事本確作川。）

二七頁　原文蓋言「用羊皮搥薄，或樹皮薰黑，」未言搗樹皮也。

二七頁　「放水中……就水上，」不可用重複語翻譯。（勝朝遺事本此處有删文，然「就水上」作「就留水上，」則與兌溫達所揣想者同也。）

二八頁　「昔嚟馬哈剌」在紀錄彙編本中確脫「扎」字。（勝朝遺事本作「昔黎馬哈剌札。」）

二八頁　兌溫達對於「屍致魚」無一言及之。羅克希耳（八九至九〇頁）曾以其是梵語 pisatcha（＝pisāca）之士名，蓋指吸血怪也，此說毫無足取。然此段記載提出一種尙屬奇特之問題：島夷誌略在一三四九至一三五〇年時，曾誌有「尸頭蠻，」（參照羅克希耳書九七頁，）星槎勝覽沿襲其文。（參考羅克希耳書九四頁）西洋朝貢典錄（占城條）作「屍頭蠻，」註云，一曰「屍致魚。」張昇本瀛涯勝覽占城條亦作「屍致魚。」吾學編（六七卷三二頁）因之。如此看來，馬歡原來寫法必早已如此，疑在一四五一年刻本中已然也。可是此「屍致魚」無義可考，不能保其必是。此名吾人僅在馬歡書占城條首見之，馬歡必知有島夷誌略及其「尸頭蠻，」然對此「尸頭蠻」竟無一言。反之，他在滿剌加條言及占城此種吸血怪時，則不名曰「屍致魚，」而名之曰「屍頭蠻。」所以我以爲馬歡在占城條中或亦寫作「屍頭蠻，」傳寫誤作「屍致魚」也。此誤在張昇同黃省曾所見之刻本中必已早有之。（勝朝遺事本皆作「屍頭蠻」，不作「屍致魚」。）

二九頁　「市交易以金間亦用銀」一語譯文微誤。西洋朝貢典錄相對之文則作「其交易以淡金以銀」。馬歡本則作「其買賣交易使用七成淡金非銀」，下應有張昇本之「間亦用銀」一語；否則張昇與黃省曾語意之相符，竟無從索解矣。殆是此二語末尾皆殿以「銀」字傳寫脫漏耳。（勝朝遺事本作「交易用銀或七成淡金。」）

二九頁　兌温達譯「燒珠」作 burnt pearls，然其本義必是 beads，蓋指玻瓈珠也。此名在吾人所研究之文中常見有之。可檢羅克希耳書一〇五頁，一〇八頁，一一八頁，一四〇頁，一四二頁，二六三頁，四六二頁。至若羅克希耳在一〇〇頁譯作 beads 之島夷誌略之硝珠，我覺得很難翻譯。藤田（校注三七頁）曾以爲「硝珠之硝，殆硝之譌，即燒珠也」。可是馬歡書（六二卷三九頁榜葛剌條）曾說到以各色硝子珠佩於肩項，又以青紅硝子燒成鐲帶於兩臂，則硝字在此處用同常用之名詞，而非動詞矣。硝字本義指硝石，亦指硝石或曹達之結晶體。既非燒料，也可令人想到是天然結晶體。硝珠或硝子珠所指者，殆是結晶體之硝石珠，而燒珠則大致指玻瓈球。（勝朝遺事本相對之文中未言火燒之硝珠，可是這件問題仍懸而未決，因爲張昇本相對之文兩言硝子，說「以硝子貫珊瑚琥珀曰瓔珞爲佩，以硝子爲鐲釧繫臂」也。）

爪哇條

三〇頁　馬歡書言其王之所居，「週圍約有百餘步」，張昇書的一切刻本，則作「方三百餘里。」羅克希耳

（二三九頁）譯文作「三四方里」，應是他本人的改正。此種改正未便贊同，應讀「里」作「步」，改張昇本作方三百餘步。至若馬歡書之百餘步，疑脫一字，蓋據西洋朝貢典錄「周二百餘步」一語，足以證之。則馬歡書之原文或作二百餘步，（從黃省曾本，）或作三百餘步，（從張昇本，）顧「二」與「三」極易互譌，究竟爲二爲三，頗難決也。（勝朝遺事本作二百餘步。）

羅克希耳書此同二三九頁中尚有一種重大錯誤必須糾正，此誤始於格倫威耳德，（一七一頁一七三頁，）羅克希耳因之。（二三九頁二四一頁，）據說革兒昔（Geresik, Grissé）的純粹中國名稱，有時作新村，有時作廝村，或作廁村。格倫威耳德且曾將後一名譯作「溷村，」乃考星槎勝覽西洋朝貢典錄明史革兒昔之漢名，皆作新村，祇有瀛涯勝覽獨異。（因襲張昇本之吾學編六七卷四六頁亦然。）第若細審吾人所見之惟一馬歡書刻本，其誤亦不難明也。據此本，杜板（Tuban）蘇盧馬益（Surabaya）之間有廁材，「番名曰荳兒昔，原係枯灘之地；蓋因中國之人來此𥨐居，遂名廝材，至今財主廣東人也。」又據張昇本云：「至廝村曰革兒昔者，故沽灘地。中國人客此而成聚落，遂名新村，約千餘家，村主廣東人也。」如此看來，馬歡本之文顯誤，應改荳兒昔作革兒昔，凡材字皆應改作村字，此種改正在譯文中曾由譯人自動爲之。（惟格倫威耳德對於「村主」獨否，兌溫達並謂黃省曾書亦作村主。然諸本中僅有借月山房本作村主，粵雅堂本同，別下齋本則作村王。）（勝朝遺事本確作村主。）但是吾人校勘不應止於此也。設若詳審馬歡本或張昇本之文，卽可見「中國人來此𥨐居遂名新村，」語意顯然。考黃省曾書相對之文所引馬歡原文並作新村，不似吾人所見的馬歡本或張昇本之新村同廁村（或廝村）並著。註一我敢確信廁村或廝村皆是傳寫之誤，（如由新誤斯由斯誤廝或廁之類）此種傳寫之誤，不無他例可引。星槎勝覽之忽魯謨斯，在兩本瀛涯勝覽中皆作忽魯謨廝。然在四庫總目所引張昇本瀛涯勝覽目錄中，則作忽魯謨廁。在紀錄彙編卷六一星槎勝覽目錄中固作忽魯謨斯，而在本文中又作忽魯謨新。註二 具見廝村或廁村俱是新村之誤。（勝朝遺事本並作新村。）

註一　黃省曾本作革兒昔原蓋誤將下句之原字屬上文，張昇本作「革兒昔者故沽灘地，」與格倫威耳德同我的解釋一樣。（勝朝遺事本作「革兒昔本沙灘之地，」則免除一切誤會矣。）

註二　鈞案我所見之紀錄彙編本作忽魯謨廝。

三五頁　「此處（指杜板）約千餘家以上，皆頭目爲主，」張昇本相對之文作「約以千餘家，主以二酋。」兌溫達因此「以」字，遂譯作每千家主以二酋，而執此說以駁羅克希耳之譯文。可是馬歡書所誌關於新村相類之紀錄中作「約有千餘家，」黃省曾書作「戶千餘，」並非每千家也。張昇本之「二酋」必有所本，由是馬歡原文疑作「此處約有千餘家以二頭目爲主。」至若張昇本之第一「以」字，似因第二「以」字牽涉之誤，可以假定其誤「有」作「以」，顧張昇本於新村條下僅作「約千餘家，」無「以」字，並無「有」字，則前條之「以」字殆屬衍文矣。（勝朝遺事本作「杜板之地，番名曰賭班，寓居千家，多廣東汀漳人，以二頭目爲主。」此本著錄汀州，爲他本所無，要可證明我上說之是。」

三五頁　「蘇盧馬益番名蘇兒把牙（Surabaya），亦有財主，掌管番人千餘家，其間亦有中國人，」兌温達改財主作村主，（kapala-kampong），確有理由。（勝朝遺事本確作村主，）張昇本相對之文作「約千註一餘家，亦有首領，間有中國人。」兌温達譯文作首領間有中國人，恐有誤解。黃省曾本作「居蘇魯馬益者戶千餘。」兌温達駁從前譯文以爲將中國人合計於番人之內，似非眞相，此說不無理由，然原文並未含此義也。案關於杜板革兒昔蘇盧馬益三段之文，結構皆同，關於杜板之文，前已言及，此文續云：（張昇本文異而義同）「其間多有中國廣東及漳州人流居，」兌温達在此條未以廣東福建人列在頭目之列，甚是。（勝朝遺事本作「亦有村主，掌管番人，間亦有中國人，」惟未言居民人數。）

註一　紀錄彙編本作十餘家，其他諸本並作千餘家，應以千餘家之說爲是。

三六頁　紀錄彙編本老獼猴一段確作「其中國婦人無子嗣者……往禱。」然此處所言者，非中國婦人。張昇本作「國人求嗣者……，」黃省曾本作「凡無子之婦……，」所言者顯然皆是土著婦女，則紀錄彙編之文必是「其國中婦人」之倒誤，抑「中」字是衍文。（勝朝遺事本僅作「凡婦人之無嗣者。」）

三六頁　滿者百夷（Mojopahit）一段云：「其處番人二三百家，頭目七八人以輔其王。」張昇本相對之文作「無慮二三百家，總領七八人，皆王佐也。」黃省曾本僅作「戶三百餘。」案馬歡之於滿者百夷，應是得之傳聞，所言二三百家，得爲二三千家之誤，然吾人對於其所言未便有所增益也。（勝朝遺事本作「王居之處有番人二三百家頭目七八人爲之輔。」）

三六頁　「米粒細白芝蔴黃荳皆有，」格倫威耳德（二版一七四頁）譯文以米粒細白作一句讀。然張昇本相對之文不言米，僅云「厥產白芝蔴菉（續說郛本作綠）豆，」則以白字屬下文。我以爲張昇具有理由，蓋白芝蔴是一種世人已識之芝蔴也。至若黃豆（soja 之一種）菉豆（Phaseolus mungo）何者爲是，未能斷言。然在馬歡書之其他段落中，（如滿剌加條，）重見菉豆之記錄。（勝朝遺事本無「粒」字，然確作菉豆。）

三六頁　格倫威耳德（二版一七四頁）所漏舉爪哇之出產，未經兌温達指出者，尚有斑猫（cantharides），珍珠雞（pintade），及我未詳爲何鳥之檳榔雀珍珠雀。（勝朝遺事本以其爲白鸚鵡，如雞大。）

三六頁　格倫威耳德（二版一七四頁）所譯「莽吉柿（mangostine）如石榴」一段，在張昇本中所採之文不如是，所以羅克希耳書（二四五頁）無此文。案莽吉柿（mangoustan）是爪哇語 manggis 之對音，據我所知是爲此譯名最古之記錄。至若 Hobson-Jobson 書所檢出之最古記錄，則爲一五六三年之記錄。吾人所見之惟一刻本云：「其莽吉柿如石榴樣，皮肉如橘囊樣，白皮肉四塊，味甜酸，甚可食。」格倫威耳德譯「白皮肉四塊」作「內白肉四塊，」頗有理由，特將原文改正耳。我以爲此一段中前皮肉二字應删「肉」字，後皮肉二字應删「皮」字。張昇本所錄此段之文大加删節，致不爲人所識。其所列舉爪哇之出產中，有「蓮房蜜柿。」羅克希耳書（二四五頁）以「蓮房蜜」作一物，而不釋其義，其實蓮房與蜜柹各爲一物，並見於馬歡書及黃省曾書也。蓮房義自明，至若蜜柹，在黃省曾書中作莽吉柹，在紀錄彙編本中作莾吉柹。莾乃蟒之俗寫，殆由傳寫誤爲蜜耳。馬歡譯末一字作柹（plaqueminier）者，或取其音同，或其誤以爲柹之一種。張昇本留柹字而名之曰蜜柹，或因其味甜，或因莾蜜字形相近，致誤作蜜。馬歡書蘇門荅剌條又著錄有莽吉柹，張昇本在此條相對之文中又省作吉柹。此種蜜柹或吉柹名稱之輸入中國，好像除馬歡之莽吉柹外無他來源。註一 Taranzano 神甫之辭典譯 mangoustan 作山竹果樹，我未詳其何所本，此名應是晚見之名。（勝朝遺事本作「蚕吉柹，其狀如石榴，厚皮，內有肉，如橘柚瓣」，與黃省曾書所誌相符。如此看來，紀錄彙編本之文應改作「莽吉柹如石榴樣，皮厚如橘囊樣，內有白肉四塊」矣。）

註一　惟莾吉柹的寫法曾被採入一六一八年的東西洋考三卷七頁。東西洋考是否已識一六一七年紀錄彙編所刻之馬歡瀛涯勝覽，我尚未作何種考證。

莾吉柹下之果名郎扱，（即 jaquier，黃省曾書諸刻本並誤作郎板。）格倫威耳德業已考訂其爲 langsap（羅克希耳書二四五頁誤作 langsat）之對音。馬歡書原本得亦寫作郎趿，顧扱與趿古讀有 -p 收聲。今日南方諸方言中尚保存此古讀，殆是僑居爪哇之華人如粵人者之譯名歟？（此段勝朝遺事本闕。）

三六頁　「男婦以檳榔（arec）荖葉（bétel 之葉）聚蜄（等如蜊）灰不絕口。」案以 chunam 作根據的介殼灰之使用，可參考 Yule, Hobson-Jobson 書二一八至二一九頁，又通報一九三一年刊四三八頁。蒟醬(bétel)之葉在馬歡書中作荖葉。此荖字似自宋以來始有之。康熙字典音培，又音老。此培音同 vittila 及 bétel 有何關係，來歷未明之蔞葉（翟理斯書六七九二則）同荖葉又有何關係，皆疑而難決。

三六頁　張昇本「以此爲徵。求嗣入回卽有姙。不然無應也」兌温達點斷錯誤，遂變原文之義。黃省曾書此段意甚明，末語作「不食不交則無孕，」可以參照也。

三六頁　格倫威耳德（二版一七六頁）轉錄之文，應是由史萊格耳錄自他書者，因爲其文與張昇本諸刻本之文皆不符也。除兌温達所指出之異文外，尙有「偺」字，在諸本（及黃省曾書）中並作攜字。張昇本之「金鈔一箇，」從馬歡本改作「金錢一箇，」格倫威耳德早有是說。證以黃省曾書之「金錢一文，」足見此說之是。（勝朝遺事本作一金錢。）

三七頁　兌温達對於爪哇婚姻一節，毫無說明。其實原文若干點有說明之必要也。據馬歡本，「男子先至女家成親，（張昇本改作合巹，曾使羅克希耳在二四三頁中躊躇不決。）三日後，（張昇本作五日。然黃省曾書作男之父母。）則打銅鼓銅鑼，吹椰殼筒及打竹筒鼓，（格倫威耳德譯文作打竹鼓。）並放火銃。前後（格倫威耳德譯文脫前後二字）短刀（kriss, bēladau）團牌（格倫威耳德譯文闕團牌）圍記。其婦披髮裸體跣足，圍繫綠（張昇本黃省曾書及勝朝遺事本並作絲，應以絲字爲是，）嵌手巾，（與前文國王「下圍綠嵌手巾」語法結構相同，格倫威耳德譯文一七一頁脫「綠」字）頂佩金珠聯級之飾，（黃省曾書作項佩，頂項二字常易相混，例如漢明帝夢見金人「項佩日光」常誤作「頂佩日光」之類是也我以爲項佩之說爲是，）腕帶金銀寶裝之鐲。（格倫威耳德譯文以腕作手腕然得兼足腕而言也。）親朋鄰里以檳榔荖葉綠（黃省曾書作絲）級花草之類粧飾綵船，而伴送之以爲賀喜之禮。」我以爲檳榔荖葉一並置於船中，羅克希耳書二四四頁亦應據此改正。

三七頁　馬歡本所誌爪哇演 wajang 劇之事，尚善惟格倫威耳德誤解「便如說平話一般」一語案說平話就是對衆說小說書也。

舊港條

三七頁　馬歡本「舊港卽古名三佛齊國是也。浡淋邦，」顯有脫誤。蓋張昇本作「古號三佛齊，曰浡淋邦」也。馬歡書每於著錄漢名時，卽接言番名，此例數見之。（爪哇條凡兩見）此處浡淋邦（Palembang），原文應作番名浡淋邦，證以黃省曾書「番名浡淋邦」之文可以見已。藤田校注（五七頁）引瀛涯勝覽舊抄本云：「舊港國卽古名三佛齊國也是番浡淋邦。」又可證番字猶存，加以馬歡本之番名二字在張昇本中皆改作「曰」其在爪哇條蘇盧馬益革兒昔兩名前，卽作此種改寫也。註一 吾學編（六七卷二九頁）說三佛齊卽舊港，亦名浡淋。此浡淋祇能出於馬歡張昇二本之浡淋邦，惟鄭曉誤以邦爲邦國之邦，所以省稱其爲浡淋。（勝朝遺事本作番名浡淋拜，誤「邦」作「拜，」足證藤田未見此本。）

註一　紀錄彙編本作「……國是也，浡淋邦。」藤田所引舊鈔本作「……國也是番浡淋邦。」藤田未見此處「番」字是原文「番名」二字之遺跡，遂誤以舊港浡淋邦爲二地。

三七頁　張昇本諸刻本並作「南距大山卜西北濱海，」羅克希耳不顧「卜」字，譯作南距大山，西北濱海。然考紀錄彙編本勝朝遺事本及黃省曾書皆謂舊港南接大山北鄰大海，我確信此處張昇本文有舛誤，可是不能從史萊格耳（通報一九一〇年刊三七四頁）改「卜」作「丘」。（寶顏堂祕笈本不解此卜字標點在山字下。）此卜字應是北字之遺跡，其下之西北二字應是衍文，則張昇本之文應改正作南距大山北濱海矣。但此「西北」之誤在鄭曉（吾學編六七卷二九頁）所見之張昇本中業已有之，則應上溯至一五二二年之初刻本也。

三七頁　張昇本「海舶入淡港，入彭家（Banka）裏舍易小舟入港，達其國。」羅克希耳譯文（一三七頁）誤以海舶來自舊港而入淡港。兌溫達曾據馬歡本摘其誤，以爲馬歡言諸處船來先至淡港，並未言自舊港來也，此說誠是。案馬歡本云「諸處船來先至淡港入彭家門，註一　裏繫船岸多磚塔，用小船入港則至其國」。黃省曾書之文乃參合馬歡本同鍼位編而成，據云：「三佛齊國（Śrivijaya）（原註云番名浡淋邦 Palembang），其國在占城南可一千里，東屬爪哇，西抵滿剌加，南倚大山，北臨大海。註二　是爲舊港。註三　由爪哇註四　新村（Geresik, Grissé）而往，鍼位五更註五　至杜板（Tuban）。又五更至註六　那參之山。註七　又四更至註八　胡椒之山。註九　又四更至吉里門之山，（Karimon Jawa 島。）註一〇　又三十五更至三麥之嶼。註一一　又五更至夾門大山。註一二　又五更至舊港。其淡港潮汐咸二港之兩涯，註一三 是多磚塔，註一四 自港而入，註一五 為彭家門，由是至國。」

註一 藤田所引舊鈔本之文，此處脫門字，觀下引馬歡原本之文，可以證其有之。

註二 吾人在此種種引文中應注意者，中國人之視蘇門荅剌島，以為亙延東西，不以其自西北達東南，非力卜思所刊布之地圖亦如此。蓋本於阿剌壁人製圖術者，而阿剌壁人之視蘇門荅剌方位恰亦如是也。（參考費瑯之文，見亞洲學報一九二二年刊二冊三二頁。）史萊格耳不明此理，反以為異。（通報一九〇一年刊三七三頁。）

註三 此文皆是取自馬歡書者，觀其語氣，所本者似即原文有「三佛齊國是也」如紀錄彙編本之文，而非藤田引舊鈔本有「三佛齊國也是」寫法之文。

註四 粵雅堂同別下齋本常誤作瓜哇；借月山房本則作爪哇。

註五 黃省曾註六十里為一更，則約有二十五公里矣，似取之於其所引之鍼位編者。別有一種算法分二十四小時為十更，可參考麥耶兒思在中國雜誌第三冊三二一頁中之考證。設若視此兩種算法相等，則每小時平均速度為五海里有半。

註六 粵雅堂本作「至」，借月山房本同別下齋本作「平」。

註七 似即 Rembang 東入海之山岬。

註八 與註六所言之寫法同。

註九 似即 Jǎpara 東北之山。

註一〇 此名已見一三四九至一三五〇年之島夷誌略。（參考羅克希耳書一三二頁。）更前在元史記述一二九三年蒙古遠征之役中亦見著錄。（參考格倫威耳德書一四八頁。）黃省曾在所誌占城至爪哇之里程中，亦作吉里門，與此同。（參考麥耶兒思考，見中國雜誌第四冊一七四頁。）諸本中在此處仍有「平」與「至」之異。但在占城至爪哇之里程中，自吉里門之山至胡椒之山作五更，（而非四更。）自胡椒之山至那參之山作三更，（而非四更。）計算雖異，自吉里門之山至那參之山，要共有八更也。復次在占城至爪哇之里程中，未言那參之山至杜板之距離，菲力卜恩之地圖亦誌有此吉里門，惟作吉利悶。

註一一　三麥嶼並見菲力卜恩地圖著錄，位在彭家（Bangka）島之東南，此名還原似應作 Sambak 或 Sambĕk。

註一二　夾門猶言夾峙之門，似非譯音。菲力卜恩地圖作狹門，位在蘇門答剌之東部，（卽東南部，）似以狹門寫法爲是。此圖位置狹門雖深入島中，我以爲所指者是彭家海峽之東口。

註一三　在此句或前句之前，似本鍼位編，以下復引馬歡書語。

註一四　鍼位編之文與馬歡書之文在此處似連接未善，否則文有譌誤。馬歡在此處作岸多磚塔，岸字應重見，一繫於上文，一繫於下文。

註一五　黃省曾之文旣採自馬歡書，此「港」應指淡港。

上引諸文有一重大難題，因爲脫如格倫威耳德之說，淡港卽指浡淋邦河，如何船來能先至淡港後至彭家海峽呢？

好像可以島夷誌略之文作部分之答解，馬歡雖與費信相反，採摭島夷誌略之文甚微，但據一四一六年的序文，他曾見此書在此處必已採其文無疑。島夷誌略舊港條云：「自淡港入彭家門，民以竹代舟，道多磚塔。」此種記載完全合理，因爲淡港若是浡淋邦河，則進向爪哇之舟當然離此河而入彭家海峽。馬歡採此兩語而變其義，竟使人誤以爲自爪哇赴舊港者必須先至淡港後入彭家海峽。此外尚有別一難題，馬歡書云：「舊港卽浡淋邦，古三佛齊（Śrīvijaya）國是也。」顧考島夷誌略有三佛齊條，（羅克希耳書一三四頁，）並有舊港條，（羅克希耳書一三五頁，）緣何分爲兩地？對於此點，我以爲惟一可承認的答解就是羅克希耳（一三四頁）同藤田豐八（校注四十至四十一，又五七至五八頁）所提出之說。蓋在一三四九至一三五〇年時，三佛齊王之都城不應復在浡淋邦，而在 Jambi，或者在宋時已然。因爲趙汝适在一二二五年時謂巴林馮（Palembang）爲三佛齊之一屬國，而對於此 Jambi 無一言及之也。（參考諸蕃志譯文六二及六三頁）如此看來，世人所視爲遷都 Jambi 之事爲一三七七年爪哇用兵之結果者，尙應提前不少年也。此種遷都之前中國史書曾著錄此 Jambi 之名而寫作詹卑，此國在一〇七九年一〇八二年一〇八八年曾入貢中國。（參考諸蕃志譯文六五頁六六頁）藤田（校注五八頁）引名山藏三佛齊條云：「永樂中（一四〇三至一四二四）竟爲爪哇所兼，國亡，廢其國都曰舊港，」此說誤也。蓋舊港之名已早見於一三四九至一三五〇年的島夷誌略中，殆是舊事重提。舊港之名得爲遷都以後僑居浡淋邦之中國人之名稱，而以新都詹卑爲三佛齊也。馬歡費信謂舊港（浡淋邦）即古三佛齊國，不能謂無理由，因爲浡淋邦久爲三佛齊之都城，雖在其王遷都詹卑以後，仍爲三佛齊之地。而且在十五世紀初年其國海上貿易較爲重要之所，要爲浡淋邦而非詹卑也。

羅克希耳將島夷誌略之三佛齊位置在詹卑，固有理由，然將島夷誌略之淡港，尤其是馬歡書之淡港，認作詹卑河，似有誤也。島夷誌略所言之淡港，見於舊港（浡淋邦）條，而不見於三佛齊（詹卑）條，其說實未解馬歡所採之文之誤用，蓋在此處亦不能謂「入」詹卑河而至彭家海峽也。註一 此外淡港之名，除見於島夷誌略及馬歡（繼以張昇）所採之文外，僅見於前引黃省曾之文中，似本於鍼位編者，然我未能保此文不誤。案「其淡港潮汐咸二港之兩涯」一語，疑馬歡所寫「咸」字是「涵」字之誤，「二」字是衍文，蓋前此未見有二港之文，殆因「兩涯」牽涉及於「二港。」我擬改其文作「其淡港潮汐涵港之兩岸」；誠如是，則此語非出諸鍼位編者，殆爲馬歡書所述兩岸人民所居木筏水長筏浮一段記載之節錄也。脫余說不誤，則淡港之名僅在一三四九至一三五〇年時始有證明。就事實言，菲力卜思所刊布之地圖，表示舊港有東港及西港，然無淡港。（勝朝遺事本作「諸處船到，先由淡港入彭家門，繫船於岸，岸上多磚塔，卻用小船入港內，始至其國。」此處以「由」字代黃省曾之「自」字，應是馬歡之原文，特是取之於島夷誌略者，由是亦可想像，馬歡引島夷誌略之文既誤，黃省曾遂誤以淡港與「港」（浡淋邦河）合而爲一，然則島夷誌略之淡港得爲詹卑河。復由馬歡認爲詹卑河抑爲淡洋 Tamiang 之等稱，所言者不復爲自爪哇至浡淋邦之行程，然爲自西北達浡淋邦之行程也。島夷誌略同馬歡書言「入彭家門，」蓋視浡淋邦河口已在彭家門中，其事亦有可能。）

註一　費瑯（亞洲學報一九二二年刊第二册三二至三三頁）亦見及羅克希耳譯文或有脫誤，然不知此文之出於島夷誌略，乃承認淡港即是詹卑河之考訂，其實非也。羅克希耳曾又在一二四至一二五頁中尋求淡港於淡洋或浡淋邦河兩地。

三七頁　張昇本云：「諺云，一季種田，三季收稻，言收穫廣也。」（羅克希耳此段譯文有誤）馬歡書原文語同，惟末句作「正此也。」格倫威耳德譯文雖經兌溫達改正，然改正之文足以使人疑及馬歡以中國諺語適用於浡淋邦，其實馬歡引土著之諺語，證明浡淋邦土地之富饒。（勝朝遺事本作「正此地也，」馬歡原文似應如此。）

此處條首之文，必是馬歡採自島夷誌略者無疑，惟其寫本舛誤耳。島夷誌略之原文（羅克希耳書一三五頁譯文惡劣）曰：「田利培於他壤，云一年種穀，三年生金，言其穀變而爲金也。後西洋人聞其田美，故造舟來取田內之土，骨以歸彼田爲之脈，而種穀。舊港之田金不復生，亦怪事也。」費信亦採此文而節取其義云：「田土甚肥，倍於他壤，古云一季種谷（穀），三季生金，言其米穀盛而爲金也。」復由費信書採入明史（三二四卷十一頁）。然馬歡所見之島夷誌略寫本在此段中所經之刪潤，較費信書爲更甚，改「金」作「稻」，遂使原文語味全失。羅克希耳曾見及此，惟羅克希耳同時證明島夷誌略所載之故事，確爲浡淋邦之故事。並指出 Ralph Fitch 所誌十六世紀末年前後，詹卑質言之浡淋邦所隸之國之都城，亦有一種幾盡相類之故事也。（其相近實較羅克希耳譯文所假擬者更甚。）

三八頁　格倫威耳德（二版一九六頁）對於舊港土產，譯文未免過於自由，案原文云：「土產鶴頂鳥（buceros 註一，黃速香註二，降眞香註三，沉香黃蠟註四之類，金銀香，中國皆不出。」（以下述金銀香之形色香味）此與格倫威耳德所擬改正之譯文相符者也。（勝朝遺事本作「中國與他國皆不出」，足證紀錄彙編本脫三字，否則「皆」字不可解矣。）格倫威耳德譯金銀香作 benjoin，意尚未足，蓋 benjoin 即是安息香（參考諸蕃志譯文二〇一至二〇二頁）此處所誌者似是 benjoin doux。諸蕃志作金顏香，蓋爲馬來語 kĕmĕngan 之對音。諸蕃志譯人在一九一一年時，僅知一六一八年的東西洋考之前有金銀香之著錄，觀此文足證其著錄至少可以上溯至十五世紀初年矣。惟羅克希耳（一三六頁）誤以此金銀香的寫法出於島夷誌略的舊港條，其實島夷誌略尚作金顏香，與諸蕃志寫法同也。

註一　紀錄彙編本兩誤烏作鳥，今改。

註二　今本馬歡及張昇書皆作黃連香，然黃省曾書諸刻本相對之文並作黃速香。（勝朝遺事本亦作黃速香）連速二字極易相混，益以黃連爲熟識之藥名，致有此誤。顧黃連即 coptis teeta，非熱帶之植物，乃中國之出產，輸出南海諸地甚多。（參考 Stuart, Chinese Materia Medica，一二五頁，趙汝适在一二二五年時，曾言運售黃連於麻囉拔 Malabar 沿岸，可參考諸蕃志譯文九一頁。）其實從無此黃連香名，應從黃省曾書作黃速香。（尤以羅克希耳書一一六頁一三八頁一四二頁等處應照此改正。）吾人將在暹羅條中重見此黃速香名，案速香爲熟識之香名，乃 agaru（確應作 aguru）之一種，亦名 bois d'aigle 者是也。諸蕃志（譯文二〇七頁）以此物爲眞臘占城兩地之出產，然在三佛齊（詹卑同巴林馮）條中，（譯文六一頁）又列速香於土產之內。至若黃速香，諸蕃志不見著錄，僅有黃熟香，（譯文二〇七頁）是亦爲 agaru 之一種。島夷誌略所誌舊港（字淋邦）之出產中，速香與黃熟香兩名並著。星槎勝覽中有時著錄之黃速香，（要在天一閣本中有此寫法。鈞案天一閣本舊港條有「黃熟香迷香」，應是「黃熟香速香」之誤，然則亦作黃熟香矣。）疑是明初之一種俗寫，而在實際上代替明代之黃熟香者也。可參考黃省曾書阿魯條（中卷四頁）對於黃速香之記錄。由是觀之，格倫威耳德（二六〇頁）謂黃速香同黃熟香兩名可以互用，我意與之正同；然謂速香亦然，一說則否，蓋此二名在島夷誌略所誌之土產中有時並舉也。（黃速香之譌爲黃連香，或者因有黃蓮香所致，案黃蓮香爲純粹中國出產，見一四〇〇年頃的一書著錄。（參考風雨樓叢書本日知錄之餘二卷九頁。））

註三　降眞香在諸蕃志中列爲三佛齊之出產，（譯文六一頁）並有專條。（譯文二一一頁）是爲 laka-wood（然不可與具有 gomme-laque, stick-lac, shell-lac, seed-lac 等名稱之東印度漆相混）參考 Stuart「中國藥材」四二八頁，此物非 agaru 之一種。

註四　卽野蜂之蠟，諸蕃志有專條。（譯文二三八至二三九頁。）

三八頁　關於火鷄(casoar)一段，兌温達將原書句讀點斷錯誤，與格倫威耳德（二版一九九頁，並參照羅克希耳書一三九頁）同，實應讀作「脚長鐵黑，爪甚利害。」羅克希耳在此處從張昇本所解較明。黄省曾書則作「黑足利爪。」（勝朝遺事本作「長脚爪黑如鐵其利亦能……，」則誤「甚」作「其」矣。）

暹羅條

三九頁　兌温達在此處所譯馬歡之文，蓋爲中國載籍記錄暹羅古俗嵌錫珠或金珠於少年陽莖皮中一事最詳之文。顧此俗在恆河以東，如緬甸(Birmanie)地方亦有之，古代西方旅行家曾有數人記述此事也。我無暇在此處裒輯其文。兌温達（四十頁）所譯黄省曾書之原文固頗費解，然似僅在粤雅堂本中如此，至在借月山房本同別下齋本中則作「汚，」而不作「砂，」（由汚沙之形近致誤）此文亦不甚明。第若知其事，則可譯其語作「貴人年二十嵌其汚。」但我以爲汚字是後人潤色之詞，蓋馬歡本中實作砂也。（勝朝遺事本語微異，然作沙。）

四一頁　我以爲其文之次第，與吾人所見之馬歡本合，而與張昇本不合。反之，馬歡本之文頗多舛誤，其「國之西南去百里」一語，應從張昇本及黄省曾書作「國西北二百餘里。」馬歡本之「可通雲後門，」張昇本作「通南，」黄省曾書作「可通雲南之後，」馬歡本既有「雲」字，張昇本既有「南」字，而黄省曾書既有「雲南，」則諸本皆應改作雲南也。此外兌温達以爲市鎭之名脫漏，而「上水」應解作溯水而上，其說非是。蓋諸本並作上水，而上水實爲市鎭名也。復次「寶船」非指任何船舶，乃僅指永樂時奉使之寶船也。如此看來，其原文應作「國（Ayuthia）之西北去二百里，（約合八十公里，）有一市鎭名上水，註一 可通雲南後門。此處有番人五六百家。諸色番貨皆有賣者。紅馬㸸肯的石註二 此處多有賣者。此石在紅雅姑註三 肩下，明淨如石榴子一般。中國寶船到暹羅，亦用小船去（上水）做買賣。」此處所言次於紅雅姑之紅馬㸸肯的石，應亦爲紅寶石之一種。若在Ayuthia之西北尋求此地，其事誠爲重要。世之博學之士明瞭暹羅情形較優於我者，必能認識此通雲南後門而出產紅馬㸸肯的石之上水市鎭。觀馬歡之記載，必曾隨寶船之人改用小船親赴其地也。（勝朝遺事本作「國之西北去二百餘里有一市鎭名上水，可通雲南。」然其後文之意，似云寶船到後，上水之人到船交易，似不如紀錄彙編本之文詳善。）

註一　別下齋本黃省曾誤作上善。

註二　此寶石迄今僅知一三六六年的輟耕錄著錄有之。輟耕錄譯其名作「馬思艮底」，謂與紅亞姑同出一坑，可參攷 Bretschneider, Med. Res. 第一册一七四頁。世人曾試將其對音還原作 mazgăndi，然迄今無人認識此名。總之，應是蒙古時代回教徒輸入之一種名稱，則必在波斯語中曾經用過。張昇本作馬肯的，應有脫文，黃省曾本寫法不誤。

註三　黃省曾曾保存馬歡的譯名，張昇本則代以雅忽。此鴉忽同雅鶻並見蒙古時代之載籍著錄。至若輟耕錄之亞姑，同馬歡書之雅姑，則爲俗寫。然此種譯名當然皆是 yaqût(corindon) 之對音。

四一頁 馬歡本列舉暹羅的出產中，有黃連香羅褐速香。張昇本的三種刻本並作黃連香羅褐速香。註一 黃省曾書先作「黃速」「羅斛」，後在列舉暹羅的出產中著錄有速香黃熟香羅斛香（明史三二四卷八頁因之），從來無有黃連香，皆應改作黃速香，前已言之矣。至若馬歡之羅褐香，必是羅斛香之異譯。（羅斛就是一三四九年暹與羅斛未合併爲 Ayuthia 的暹羅以前之暹羅國南部。）案羅斛香名已見一三四九至一三五〇年的島夷誌略（校注本三三頁，羅克希耳書一一〇頁）著錄，其文曾被費信錄入星槎勝覽的暹羅條（羅克希耳書一〇五頁）。島夷誌略之文云：「此地產羅斛香，味極清遠，亞於沈香。」註二 案沈香猶言沈水之香，（aguru 之意譯）即是 bois d'aigle 之眞正名稱，（參考諸蕃志譯文二〇四至二〇五頁，）然則羅斛香亦沈香之一種矣。阿剌壁人對於蘆薈（aloès）與沈香（bois d'aigle）所用之名稱皆同。玉耳（Yule-Cordier 馬可波羅書第二册二七九頁）久已指出 Ayn-i Akbari 書中之 lawaki 蘆薈，得爲羅斛國之出產也。（並參考遠東法國學校校刊第四册二三八至二三九頁。）（勝朝遺事本作黃速香羅褐速香。）註三

註一 圖書集成（邊裔典一〇一卷三頁）引張昇本作黃連香羅褐速香，則其所見之張昇本較吾人所見者爲佳。又據後此一註中所言之另一別寫，勢須承認此說之是，其所見之刻本，或是張昇文集中之刻本，或是廣百川學海本。若是廣百川學海本，則應非四庫提要所言之續說郛的版片。

註二 天一閣本星槎勝覽所錄之文同。然通行本中無此文，所以羅克希耳（一〇五頁）亦無譯文。

註三 一四〇〇年頃日知錄之餘二卷十頁誌有羅斛香。

四一頁　馬歡本所誌暹羅之出產中有血褐，藤結。〔勝朝遺事本寫法同〕張昇本的三種刻本並作血結，註一藤結。（圖書集成在此處所引張昇本上一名作血竭，寫法又異。）黃省曾書（同明史轉錄之文）僅著錄有藤竭，（在藤黃前，藤黃就是 gamboge，亦名 gomme-gutte 者是已。）顯然改馬歡本血褐之褐爲竭。而張昇本之血結之結，亦是後文藤結牽連之誤。趙汝适（諸蕃志譯文一九七至一九八頁）有專條，寫此名作血碣，此物就是 dragon's blood，今日通常寫作血竭者是也，馬歡的原來寫法應如是。（馬歡本祖法兒條卽作血竭，〔勝朝遺事本祖法兒條作血竭，然在此處則作血碣，與諸蕃志寫法同。〕）據趙汝适之說，此物是大食的出產，質言之，阿剌壁人的地方的出產。謂非洲東岸山中有樹，與沒藥（myrrhe）樹相類，葉較大，出產此物。此名之漢文習慣的解釋，就是說此物有類凝血，故名血竭，可是竭字意猶言「盡」，非「凝」也。諸蕃志之「碣」，若非譌寫，猶言較塊石爲大之石。如此看來，原來似是一種譯名。可是 Hirth 同 Rockhill 所主張本於阿剌壁語 qātir（猶言樹脂，卽 sang-dragon，是已。此字出於 qatara，猶言「滴滴落」也）之說，與對音不合耳。藤田豐八（校注三七頁）曾僅以竭字釋此語源，與對音抵觸之處固較少，其實此物之古名，在唐時已早名其爲騏驎竭也。此名中之竭字雖仍無解，但在十一世紀時，蘇頌已訓其義曰：「久而堅凝乃成竭，赤作血色。」註二　如此看來，原始名稱就是騏驎竭，而非血竭，外國譯音之說皆不成問題矣。顧後來代替騏驎竭之名稱既是血竭，則諸蕃志之血碣應是傳寫之誤。現在請再言馬歡書，眞正血竭既然是阿剌壁人的一種出產，然趙汝适在一二二五年時業已知有一種假血碣，以降眞香汁製之。今日在中國所售之血竭，則以蘇門荅剌之一種藤實爲之，（卽 Stuart 之 Calamus draco）此物顯然就是另外一種假血竭。則好像馬歡所言之血竭，卽指趙汝适所言用降眞製造之假血竭。可是暹羅亦輸出一種用藤實製造之血竭，是卽黃省曾所誌之藤竭也。此藤竭應是明代此物流行之名稱，馬歡聞此名不解其意，而改其名爲藤結。如此看來，圖書集成所引張昇本必已保存馬歡之原有寫法。至若黃省曾書未重言血竭者，蓋因先前已採馬歡之血竭別撰麒麟竭條也。但是此條不本於馬歡，實本於蘇頌。（一〇二〇至一一〇一）所餘者，考訂中國的麒麟竭同吾人的 dragon's blood 或 sang-dragon 諸名之關係。此事在考證西方名稱之沿革方面，或者不難，然我尚未作此種研究。（可參考費瑯在亞洲學報一九二〇年刊第二册四一頁所引諸條。）註三

註一　香學彙（六七卷三〇頁）謂舊港出產血結，疑是將張昇本後條之出產移於前條。

註二　參考本草綱目卷三四，同 Stuart 的中國藥材七九至八〇頁。（惟 Stuart 對於古代之記錄有誤，尤其是渴廩同 sang-dragon 毫無關係，此乃產東印度漆的昆蟲所棲之樹名。）藤田（校註三七頁）所持麒麟粒之說，我頗疑其非是，此麒麟粒殆是麒麟竭之譌也。

註三　一四〇〇年頃的日知錄之餘，在外國出產的諸香中，誌有一種生結香。

所可異者，眞臘暹羅二國並輸出之東印度漆 (gomme-laque) 同藤黃 (gomme-gutte)，馬歡毫無一言及之。反之，馬歡繼以張昇黃省曾，並言暹羅之出產中有花梨木 (bois de rose)。

滿剌加條

四三頁　羅克希耳（一一四頁）譯張昇本之文，謂滿剌加稱國以前，歲輸金五千兩於暹羅。但他或者因爲

有格倫威耳德所譯的馬歡書之文，遂於「五千」之後加一括弧，中作「五十」，附一問號。案張昇書之三種刻本皆作「五千兩」，而圖書集成所引張昇本作「五十兩」。固如兌溫達之說明，第吾人所見馬歡書之惟一刻本（及勝朝遺事本）並作「四十兩」，費信書同。明史因之，應以此數爲是。由是觀之，圖書集成所見之張昇本較佳於吾人所見之三種刻本，在此處又得一種新證。

羅克希耳書一一四頁註中之國王名稱拜里迭蘇剌，顯是拜里迷蘇剌（Parameśvara）之誤。西洋朝貢典錄同明史，卽作拜里迷蘇剌。格倫威耳德（二四九頁）同。隨其後的費瑯（亞洲學報一九二二年刊第一册四〇二頁）錄寫明史之名皆誤。

（四三頁）　勝朝遺事本確作攜「妻子」赴京，則與張昇本所誌同矣。

四三頁　諸本之文皆同，獨格倫威耳德（二版二四三頁）所誌獨異，竟使馬歡的記載同我們現在的知識相適應，未免很奇。我以爲好像是他自動的改正，這種改正有時有益，然常有害，此格倫威耳德所難免者也。

四四頁　張昇本諸刻本中之金箔（gold-leaf）與馬歡本及黃省曾書之金珀相對，觀後此水珀之稱，足證金箔一名之誤。（勝朝遺事本亦作金箔，其誤與張昇本同。）此誤值得一爲說明，因爲後面尙有若干金箔，皆應改作金珀也。至若水珀，使人憶及一六七三年 Fryer 對於 damar 之記錄，據說此物是「取之於海中的一種樹脂」。（參考 Yule, Hobson-Jobson 書二九五頁）此 damar 之名，在 Hobson-Jobson 書之引證中不能上溯至一五八四年以前，則馬歡書之一四一六年的記錄，良足貴也。馬歡（同後來的黃省曾）譯此名作打麻兒(damar)，至若張昇本並作打魔者。（羅克希耳書一一六頁）並不是張昇的省譯，乃是他將麻兒二字誤識爲魔。註一 至若這箇「損都盧斯」祕密名稱，從馬歡本移轉於張昇本及黃省曾書者，或者不是馬來語特有的名稱。所代表的殆是阿剌壁波斯語之 sindarus，蓋爲柏脂 (sandaraque) 同漆 (vernis) 之概稱。費瑯在亞洲學報一九一八年刊第一册三九七頁中已言之矣。至若 Hobson-Jobson (Dammer 條)所著錄視同 vernis còpal 漆之 chandrūz，是否同 sindarus 以及損都盧斯有其關係，尚難言也。

註一 格倫威耳德所譯採取打麻兒之文，不甚正確。原文實作「打麻兒香本是一等樹脂，流出入土，掘出如松香 (résine) 瀝青(poix)之樣」。馬歡所言者與其說是松香瀝青，不如說是含有瀝青質(bitumineux)或土瀝青質(asphaltiques)的出產。

四四頁 張昇本三種刻本中關於 sagou 的記載，譌誤幾盡相同。張昇用的譯名，好像是並見於紀錄彙編本同寶顏堂初刻本中的沙姑，可是此名在續說郛本圖書集成本及寶顏堂重刻本中，皆誤作沙始。（勝朝遺事本曰，「其名曰沙孤米。」）此物在一二二五年的諸蕃志同一三四九至一三五〇年的島夷誌略中，並作沙糊，世人已知之矣。此皆 Hobson-Jobson 書七八〇至七八一頁所應增加之材料也。格倫威耳德漏譯馬歡書所言土人取沙孤樹皮擣浸澄濾其粉「如中國葛根」一語。（兌溫達未曾摘出）案葛即是 Pachyrhizus Thunbergianus，中國以其根作粉爲食。（參考 Stuart 中國藥材二九九頁。）

四四頁　關於茭葦（kajang）之文，格倫威耳德（二版二四四頁）譯而未全，然馬歡之文似有舛誤。據云：「海之洲渚岸邊生一等木草，如茭葦葉長初刀茅樣，似苦笋殼厚性軟。」張昇本云「渚生水草曰茭葦，長如刀狀，韌堅。」黃省曾書云：「有草焉，其狀如茅，其厚如笋，……其名曰茭葦。」比較此三文，具見馬歡本「木草」應是水草之誤，復次「如茭葦葉」之「如」，似爲「名」之誤。註一「初刀茅樣」之「初」亦不可解，似應作「如」，刀茅爲比喻之詞。在張昇本及黃省曾書中各存一字，苦笋得爲苦竹（Arundinaria japonica）之笋。由是馬歡本之文可改正曰「海之洲渚岸邊生一等水草，名茭葦，葉長如刀茅樣，似苦笋殼厚性軟。」（勝朝遺事本作「海濱有樹名曰茭葦，葉長如刀，似苦筍殼，性則柔軟。」）

註一　觀後文「取其子釀酒名茭葦酒」一語，似以張黃二本之文爲是。至我尙有微疑難決者，蓋因茭葦之名自十三世紀末年時始，中國諸海港之居民早已知之。就是馬歡本人在占城條中亦言及頭目所戴之茭葦葉冠，在榜葛剌條中言及茭葦酒也。尙有酒用一種棕櫚(palmier nipa)釀之，亦名茭葦酒，得爲中國人所命之名。十三世紀末年周達觀之眞臘(Cambodge)風土記，已有茭漿酒之名，蓋合音義而言也。

四四頁　羅克希耳書（一一五至一一六頁）註言滿剌加之斑毛虎，在西洋朝貢典錄中名曰「星虎」。顧黃省曾在此處所錄者，僅爲馬歡書。乃考馬歡、張昇諸本，皆不見有此星虎之名。馬歡本（格倫威耳德書二四五頁翻譯未善）云：「山出黃虎，比中國黃虎略小，其毛黑，亦有暗花紋。……國中有虎化爲人，入市混人而行，自有識者擒而殺之。如占城屍頭蠻，此處亦有。」註一　張昇本云：「山出黑虎，比常虎差小，毛有暗花文，虎有能變人形者，白晝入市羣行，覺者禽殺之。占城屍頭蠻」註二 黃省曾書云：「有獸焉，其狀如虎而小，黑質花紋而善幻，其名曰星虎。」比較此三文，馬歡本作黃虎，張昇本作黑虎，黃省曾書作星虎。馬歡本既言其毛黑，則黃虎必爲黑虎之誤，可改正其文曰：「山出黑虎，比中國黃虎略小。」證以張昇本之文，又可確知馬歡原文必是黑虎。至若黃省曾之星虎，蓋爲馬歡原本黑虎傳寫之誤耳。前錄馬歡本之闕文是「黃虎亦城」四字，應有舛誤。由是可改正全條之文曰：「山出黑虎，比中國黃虎略小，其毛黑，亦有暗花紋，城中有虎化爲人，入市混人而行。」（勝朝遺事本作「又出黑虎，比中國黃虎略小，毛黑色，亦有暗色花紋，其黃虎亦間有之，又有虎成化爲人。」）

註一 屍頭蠻見前。

註二 此下張昇本諸刻本皆有脫文，（參照羅克希耳書一一六頁）兌溫遼書四四頁改「古」作「占」，甚是。占字前脫「如」字，亦有可能，第若移之於馬歡本，則不能主張此說也。

四四頁 此段關於立排柵城垣之文，張昇本有删削，故在羅克希耳書（一一六頁）無譯文，然格倫威耳德（二版二四五頁）譯文亦不正確。兌溫遼既未糾正，茲因其事重要，特轉錄其文如下：註一 「中國寶船到彼，（指滿剌加，）則立排柵城垣，設四門更鼓樓，夜則提鈴巡警。內又立重柵小城，蓋造庫藏倉廒，一應錢糧頓在其內。去各國船隻回到此處取齊，打整番貨，裝載船內，等候南風（指西南信風）正順，於五月中旬開洋回還。其（滿剌加）國王亦自採辦方物，挈妻子，帶領頭目，駕船跟隨寶船，赴闕進貢。」格倫威耳德以爲此文後半應指某次出使時之事，不爲無見他並承認馬歡此次亦隨行。至若對於此文之前段，則以爲排柵城垣爲滿剌加人所立；然吾人則以爲是鄭和所立，僅在一次旅行中有之，而馬歡在此次曾隨行也。註二 張昇本之文簡略，致使羅克希耳以爲發船之時常在陰曆五月。註三 黃省曾書則記載明瞭，其論曰：「予觀馬歡所記載滿剌加云，鄭和至此，乃爲城柵鼓角，立府藏倉廩，停貯百物，然後分使通於列夷。歸綜則仍會萃焉，智哉其區略也。」百年以後，尚有人憶及鄭和在滿剌加立城柵之事，以爲鄭和行後，滿剌加王取其遺瓦以蓋王宮云。註四

註一　「此處亦有」四字，應繫於前句。（勝朝遺事本作「如占城屍頭蠻此處亦有」，與我點逗正同，而且馬歡句法結構常如是也。）

註二　（勝朝遺事本作「凡中國寶船到彼」，似建立此種排柵爲常有之事，然我以爲不然，此「凡」字加入並無理由。）

註三　此時西南信風初起，固有利於開船回國，然我以爲馬歡所言之五月中旬，似指某一年之五月中旬，非指每年之五月中旬也。

註四　參考格倫威耳德（二版二四六頁）所譯海語之文。

吾人既承認馬歡此段記載乃指某年旅行之事，此次馬歡曾隨行。艦隊於五月中旬離去滿剌加歸還中國，同時滿剌加國王攜帶妻子頭目赴闕朝貢，其所言者應爲何次旅行之事，似不難考究得之。

據明史（三二五卷三頁）未來的滿剌加國王拜里迷蘇剌先服屬暹羅。一四〇三年中官尹慶使其地，拜里迷蘇剌遣使隨慶入朝貢方物。三年九月（一四〇五年九月二十三至十月二十二日）至京師，帝嘉之，封爲滿剌加國王。一四〇八年，鄭和使其國。一四一一年，其王率妻子陪臣入朝。一四一二年王侄入朝。一四一四年，王子母幹撒

于的兒沙入朝，告其父訃，卽命襲封。註一 嗣後或連歲，或間歲入貢，以爲常。一四一九年，王率妻子陪臣入朝。一四二四年，其王西里麻哈剌（Śrī-mahārāja）以父沒嗣位，率妻子陪臣入朝。一四三三年，王率妻子陪臣入朝，抵南京，天已寒，帝命俟春和北上。

註一 明史（三二五卷三頁）作「王子母幹撒于的兒沙」，鄭曉書（六八卷二頁）作王母，舊本廣東通志著錄同。（參考邊裔典九六卷四頁）自從一八九七年以來世人皆從 Blagden 之後以「于」字是「干」字之譌，因將其名還原作 Muḥammad Sĕkander Šāh，例如費瑯在亞洲學報一九一八年刊第一册四〇三頁中所還原者是已。祇有史萊格耳（通報一八九九年刊四七二頁）獨謂此名中之第二字作「斡」而不作「幹」，欲將其名還原作 Abu Oskander Šāh = Abu Iskander Šāh。顧史萊格耳旣將此名之別一寫法「亦思罕答兒沙」檢出，則其原名應是 Iskander-Šāh 或 Sekan ler-Šāh 無疑。但是此名之首二字，仍不明其原音爲何。此外圖書集成（邊裔典九六卷四頁）引未成正史之明史（明史尙未存在）及大明會典之文，作「母斡」不作「母幹」，（並作「撒干的兒沙」不作「撒于的兒沙」。）核以元代同明初的譯文，「斡」字常誤爲「幹」之例，我以爲此首二字應作「母斡」，然仍不得其解。史萊格耳的解釋當在屏除之列。（我在遠東法國學校校刊第四册二六三至二六四頁完全採用 Blagden 還原的名稱，現在只覺得有一部分正確。）

如此看來，據吾人所知，滿剌加國王攜妻子入朝中國之事，計有四次：一次在一四一一年，一次在一四一九年，一次在一四二四年，一次在一四三三年。費信書兩本之文，固言滿剌加國王攜其妻子在一四一五年入朝中國，（參考羅克希耳書一一八頁）然其記載應有誤也。

所關係者，不得是一四一一年回京之鄭和旅行也，因爲鄭和於是年陰曆六月十六日（一四一一年七月六日）至南京別有一書言一四一一年陰曆七月（一四一一年七月二十一至八月十九日）滿剌加國王入朝。（可參考羅克希耳書一一四頁）設若艦隊在是年五月中旬，質言之在一四一一年五月二十三日至六月一日間離開滿剌加，則自滿剌加至南京之行程，僅有三十五日至四十二日，未免過短。此外若信馬歡之言，他在一四〇八至一四一一年的旅行中，未在隨使之列。

一四一五年的時期，在本身上未始不可能。此年五月中旬，始六月十七日至六月二十六日，鄭和在八月十二日抵南京。則其歸程之時日有四十六日至五十三日，時日雖短，然有其可能也。又一方面，隨使者有馬歡而無費信。顧費信所記傳聞之事頗不可靠，抑況明史紀傳並未誌有一四一五年滿剌加國王入朝事，我以爲此年亦不成爲問題。

一四一九年的五月中旬，始於六月四日，止於六月十三日。鄭和於八月八日回京，則歸程時日約計有兩月，然此次我確信馬歡未在行中。

一四二四年應在屏除之列，因爲奉勅之日是一四二四年二月十六日。鄭和回京之時在一四二四年八月十二日之後，一四二五年二月二十五日之前，此行好像未歷多國。又據我的考訂，馬歡不在隨使之列。如果我對於此末一點的考訂有誤，一四二四年的旅行，必須不逾滿剌加以外，或可加入考證之列。

所餘者，鄭和的第七次旅行。此次的旅行，我們有詳細的行程可考。鄭和於一四三三年七月七日進太倉，七月二十二日到京。顧在一四三三年五月二十七日離開滿剌加，艦隊行程可謂迅速。考是年的五月二十七日，適合陰曆五月初十，就在五月中旬開始之前一日。雖有一日之差，我以爲馬歡所言鄭和在滿剌加立排柵城垣遣船隻分赴各國之事就在此一四三一至一四三三年的旅行中。此種分䑸之事吾人已見其例不少。我並不是說鄭和在第七次旅行中年齡已老本人自留滿剌加，而遣船隻分航遠地。因爲陸容所誌的詳細行程，必是鄭和所統率的大隊行程，足證此次鄭和應又至忽魯謨斯。惟在歸途停留滿剌加之時有十八日，馬歡所言回到此處取齊，打盤番貨裝載船內等候順風，不在此時又在何時呢？此外根據明史，滿剌加國王行抵南京之時，已在秋深之時；而鄭和則在陽曆七月回京。馬歡書雖言其同寶船一同赴闕，然明言其「駕船跟隨寶船，」則抵京之日或有先後，亦理中所必有之事也。姑無論此末一點之解說若何，縱然我位置馬歡所言之旅行於一四三一至一四三三年之說有誤，第觀其所誌之事，祇能適應於鄭和在滿剌加所立之排柵也。設若所關係者確是一四三一至一四三三年間旅行之事，此段記載當然是馬歡改訂其一四一六年本時增入之文。

啞魯條

四五頁　兌溫達追憶到格倫威耳德曾考訂馬歡之「考泥，」同張昇之「栲泥，」就是啞魯（Aru 在蘇門荅剌東北岸）一種棉布名 kain 者之對稱。據說此名就是馬來語訓爲織物之字，但是一三四九至一三五〇年的島夷誌略朋加剌（Bengale）條，著錄有高你布。藤田（校注九八頁）曾比附高你同考泥二名，然我以爲格倫威耳德附有條件而提出的 kain 與漢譯名之對音未合。況且以馬來語之 kain 在十四世紀時用之於朋加剌，其事亦可疑也。史萊格耳（通報一九〇一年刊三六〇頁）曾提出 gûni 一說，案 gûni 卽是 goni 乃麻(jute)袋之習用的名稱，（參考 Hobson-Jobson 書 gunny 條）非棉布，其說不足取也。

蘇門荅剌條

四六頁「甜葉」應是吾人所見馬歡書惟一刻本之訛寫。黃省曾書相對之文作甜菜(Lycium Chinense)，與張昇本合。（勝朝遺事本作胡荽，胡荽卽是 Coriandre，亦爲甜菜之誤。）至若水雞頭，卽是芡實(Euryale ferox)之俗稱，黃省曾書相對之文卽作芡實。至若 dourion(durian)之譯名，雖有羅克希耳（一五五頁）之說，吾人所見之張昇本三種刻本，同馬歡本之一種刻本，（以及勝朝遺事本）並作賭（或睹）爾烏，不作賭爾焉。黃省曾書作睹兒烏，誤焉作烏，事有可能，惟其誤應本於一四五一年的刻本。馬歡謂賭爾烏「有栗子大酥白肉十四五塊。」格倫威耳德的譯文有誤，羅克希耳（一五五頁）意亦未達。

次述樣果(mangue)云：「又一等酸子，番名俺拔(amba)，如大消梨樣。」格倫威耳德的譯文不確。張昇本作「酸子白俺拔」，應是「酸子曰俺拔」之誤。羅克希耳不明其誤，致以酸子白三字屬上文。至若大消梨，格倫威耳德僅譯曰「梨」。羅克希耳譯張昇本之消梨作「皺梨」，皆非。案消梨爲普通中國梨(Pyrus Sinensis)之一種，（參考 Tarenzano 辭典五五三頁）大消梨當然是一種大的消梨。

四六頁「酸橘甚廣，四時常有，若洞庭獅柑綠橘樣。」（在勝朝遺事本中作「柑橘甚多，四時常有，一如吳中洞庭黃柑綠橘之樣。」）

四六頁　吾人所見之馬歡本確作「金錢番名底腳兒」，然在張昇本三種刻本中並作「那底兒」，黃省曾書作「底那兒」，則確爲 dinar 之對音矣。（勝朝遺事本亦不誤。）

南浡里條

四六頁「山產降眞香（laka-wood）此處至好，名蓮花降，幷有犀牛。」格倫威耳德（二版二二〇頁）譯文有誤。紀錄彙編張昇本作「降眞香甚妙，眞白蓮花」，亦有脫誤。寶顏堂祕笈同續說郛張昇本作「降眞香甚妙，曰蓮花降眞」比較正確。（勝朝遺事本作「山產犀牛降眞香名蓮花降，視他處所產者爲尤佳。」措詞雖異而義則達矣。）

四七頁　格倫威耳德（二版二二〇頁）對於那沒嚟（Lambri）洋的一段譯文意未能詳。史萊格耳曾在一八九八年（通報一七九頁）杜撰一「太平預兆」（Peaceful Foreboding）之山。（後在一九〇一年通報三五六頁三五七頁不復言及。）其實馬歡之文曰「國之西北海內有一太平預峻山，半日可到，名帽山。（其下應有闕文）之西大海，正是西洋也，名那沒嚟洋，西來過洋船隻俱雙（鈞案疑是「望」之誤）此山爲准。」（勝朝遺事本文較善，據云「其西北海內有一大平頂峻山，半日可到，名曰帽山，其山之西，亦皆大海，則所謂西洋也，番名那沒黎洋。西來過洋船收帆，俱望此山爲準。」）馬歡將同一 Lambri 名稱譯成二名，觀此可以解矣。蓋仿前此「蘇盧馬益番名蘇兒把牙」之例，一用中國之舊名，一用其所聞之土名也。註一

註一　我曾在 Bijdragen（第九十册四二一至四二四頁）中說明馬歡如何區別番名那沒嚟（Lāmuri）同漢名南浡里（Lambri）之理。近 H. K. J. Cowan 君研究此名之東西載籍種種寫法，並主張 Lambri, Lawri, Lāmurī 等寫法皆可作 Lam-purī 解，猶言「內地之城」也。關於此節，我未能參加一詞，可是 Cowan 君並以爲（有一部分主張是本於 Rouffaer 者）梁隋時代之 Po-li 國，而經世人考訂爲 Bali 者，得亦爲 Pūrī 之對音。其實梁隋時代以 Po-li 爲國名者有二，其一爲較熟知之婆利，（古讀若 B'uâ-lji）依例可以比對 Bali。其一爲瀕利，（古讀若 B'ăk-lji）雖未考訂爲何地，然可以假擬其對音是 Bagri，或其他相類之對音，要不能思及 Pūrī 也。

馬歡言及帽山下之珊瑚，有「如玉石之温潤」一語。「玉石」二字在黃省曾書中作紅玉。（勝朝遺事本省作玉。）

錫蘭條

四七頁　「俗言出卵塢，即此地也。」此地蓋指翠藍山（Nicobar），或裸形國也。張昇本寫此名作赤卵塢。羅克希耳（三七八頁）對於此名未能說明。兌溫達亦無一言及之。好像是表示意義的名稱，猶言出卵之塢，或赤卵之塢也。（後來在一八九八年通報一八三頁，知道史萊格耳曾持此說。）吾學編（八六卷四頁）誤作赤卯塢。（至若翠藍山中最大之山，在馬歡、張昇、黃省曾諸書中，並寫其番名曰梭篤蠻，勝朝遺事本作竄都蠻。我以爲頭一字皆

誤，或者勝朝遺事本原作「宴，」誤而爲「竄，」如是改正可以比對 Andaman 島。關於此種名稱者，可參考遠東法國學校校刊第四册三五五頁。）

馬歡之鶯歌嘴，張昇（同勝朝遺事本）之鶯哥嘴，黃省曾之鸚鵡嘴，寫法雖各有不同，要不能譯作 Hawk's Beak，應作 Parrot's Beak 也。

四七頁　羅克希耳（三七九頁）之譯文在馬歡本作「去北四五里，」然在張昇本中作「西北陸行五十里，」（羅克希耳譯文漏言五十里）黃省曾書作「又北行五十里。」如此看來，張昇之「西北，」並無根據。馬歡之「四五里，」應是四十里或五十里之誤。（勝朝遺事本作「又北去四十里。」）

小葛蘭條

四八頁　「黃牛有三四斤者，」兌溫達擬改作三四尺，似乎不對。意中當然想到的三百斤也似乎不合。（勝朝遺事本作三四百斤。）

柯枝條

四八頁　關於南毗者，羅克希耳（四四七頁）改毘作毗，其實此二字同也。兌溫達在此處似沿羅克希耳之誤，因爲羅克希耳原註漢文南毘二字於下，然譯其音作南毘也。就事實言，紀錄彙編本（同勝朝遺事本）馬歡書，皆作南毘。然在張昇本三種刻本中，並作南毘。黃省曾書及明史亦作南毘。案南毘一名始見於一二二五年的諸蕃志（譯文八七頁），自從菲力卜思考訂以來之 Naïr，與對音頗有未合。兌温達君所引證一九二四年所提出之 Namburi Brahmans，亦無足取。

四九頁　案婆羅門掛線於頸，則三本張昇本「懸脛以線」之「脛」，應從馬歡書（及勝朝遺事本）改作「頸」。

四九頁　張昇本三種刻本確作「上衣不過膝」，誠如羅克希耳之譯文。至若「臍」字寫法，乃爲圖書集成本所獨有者。

四九頁　道人非道士，前已言之。至若優婆夷，並非羅克希耳同兌温達所譯之 Lay brethren，實爲 upāsikā 之譯音，蓋指 lay sisters 也。張昇在此處所言者是男子，好像他將優婆塞 (upāaska) 同優婆夷 (upāsikā) 混而爲一。

四九頁　「上下無衣，止用指大黃藤兩轉緊縛其腰，又以白布爲梢子，手拏大海螺，常吹而行。」張昇本作「不衣而藤束腰，白綫四末持大螺常吹而行。」證以馬歡本之文，具見「末」是「手」之誤，「白綫四」三字脫誤不可解。「白」字經馬歡本證其不誤，殆指一種遮蓋下體之布也。梢子，兌温達譯意未達。案「梢」（或捎）在星槎勝覽中常用之，與馬歡所用「手巾」意同，亦常指男女遮蓋下體之布也。（勝朝遺事本作「上下皆不穿衣，此用黃藤如拇指大者，兩轉縛其腰，上以白布爲蔽，欲行，則手中拿一大海螺，常吹而行。」）

五〇頁　「每年椒熟，本處自有收椒大戶置倉盛貯，待各處番商來買。」則所言者乃收椒大戶，非種胡椒人也。此種柯枝胡椒，據馬歡云：「論播荷（bahār）說價，每一播荷該番秤二百五十封剌。（原誤作刺，下同。）每一封剌該番秤十斤，計官秤十六斤。每一播荷該官秤四百斤，賣彼處金錢或一百箇，或九十箇，直銀五兩。」註一 此種等值，經後文「彼處金錢一千八百箇直銀一百兩」一語所證實，則上言之直銀五兩者，蓋直金錢九十箇者也。

註一　下文有「各稱哲地者」一語，兌溫達因誤會「各」字屬上文，其實此「各」字乃「名」字之誤。觀勝朝遺事本作「其名哲地者」，可以證已。

可是上述的數目，不必爲大數學家，卽可洞見其誤。每一封剌既合中國官秤十六斤，則二百五十封剌應合中國官秤四千斤，不得謂合官秤四百斤也。考黃省曾書，「封剌二十有五而爲播荷，」張昇本亦間接證明「四百斤直金錢百文，銀直五兩，」足見馬歡本「二百五十封剌」應是二十五封剌之誤。（勝朝遺事本實作二十五封剌。）復次，柯枝之權量，與古里之權量，當然有一種相連之關係。馬歡本卽云古里之一播荷，該官秤三百二十觔也。註一

註一　播荷之譯名，已早見於一三四九至一四五〇年的島夷誌略，其古里（古里佛）條云：「每播荷三百七十五斤。」（參考羅克希耳書四五四頁。）

原文之封剌，有作封刺者，此封刺當然是封剌之誤，蓋在譯字中從未見有「刺」字也。黃省曾書相對之文，或作「封封」（別下齋本），或作「封剌」（粵雅堂本），或作封剌（借月山房本）。當然以封剌爲是，緣 bahār

通常分爲若干 frāsila 也。此 frāsila 在馬歡本古里條中譯作番剌失（讀若法剌失）。黃省曾書（同勝朝遺事本）並作法剌失，張昇本省作法剌。（紀錄彙編本之法剌，在寶顏堂本同續說郛本中又譌作法利，參考羅克希耳書四五八頁。）封剌亦是 frāsila 之同名異譯，考費瑯在亞洲學報一九二〇年刊第二冊三四至九二頁所引 Antonio Munez（一五五四年）之「權量書」，忽魯謨斯各種貨物所用之 bahār 合十八至二十四 frāsila 不等。柯枝（七八頁）之尋常 bahār 在一五五四年時合二十 frāsila。註一 然其地有一舊秤用以稱量胡椒者，較常秤爲大，馬歡所言柯枝稱量胡椒等若二十五封剌之播荷，必爲十五世紀初年此港所用等若二十五 frāsila 之 bahār 無疑。

註一　費瑯在此處作「十二」，不作「二十」，應是誤刊。蓋根據二六四頁之總表，關於柯枝者，全表計算皆基於二十 frāsila 之 bahār 也。

五〇頁　「以九成金鑄錢行使，名曰法南，重官秤一分二釐」，蓋爲一分一釐之誤。緣黃省曾書（及勝朝遺事本）並作一分一釐也。其銀錢每箇合官秤四釐，金錢既祇有金九成，可見馬歡時代之柯枝金價比銀價高五倍有半。又案金錢一箇各重一分一釐，金錢九十合計有九錢九分，直銀五兩。顧金錢僅九成，銀錢可假定其幾盡純銀，則其比較亦約有五倍有半也。馬歡本柯枝條名金錢曰法南（fanam），名銀錢曰荅兒（tar）。同本古里條名金錢曰吧南（panam, fanam），銀錢曰搭兒（tar），合以費信書小葛蘭柯枝兩條中之吧喃，是皆應加入 Hobson-

Jobson 書 Fanam, Tara, Tare 等條者也。

五一頁「以銀爲錢，比海螺蚆大，」張昇本作「僅如螺蚆，」羅克希耳（四五一頁）譯文有誤。蓋蚆若讀yen，則有面上黑子之意，若讀 ye，則有頰輔之意，意皆未合。我以爲馬歡原作鏧，「螺鏧」蓋指介類杜塞介殼之板，以喻銀錢大如此板也。

古里條

五一頁 馬歡在本條之首兩言「西洋大國，」可見其重視古里。其記到此國之行程云：「從柯枝國港口開船，往西北行，三日方到其國。」黃省曾書云：「其國在柯枝西北可六百里。」馬歡續云：「其國邊海，山之東有五七里遠，通坎巴美國。」張昇本云：古俚「東七百里許，距坎巴夷。」黃省曾書云：「東通坎巴夷替國。」我前此曾經考訂此坎巴夷替城即是昔之 Koyampadi，今之 Coimbatore。至若 Cambay，北處甚遠，不足以當之。馬歡之坎巴美，應從張昇黃省曾之寫法，作坎巴夷。馬歡之「五七里，」文有錯誤，不如從張昇本作七百里。（勝朝遺事本作「五七百里」）馬歡本云：「南連柯枝國界，北邊相接狠奴兒地面。」張昇本僅云：「南距柯支國，北距狠奴兒國。」黃省曾書云「南連柯枝國，北接狠奴兒國。」（勝朝遺事本云，南接柯枝國界，北接狠奴兒國地面。）則馬歡之「地面」，應是「地面」之誤。羅克希耳（四五五頁）曾爲附條件之考訂，以爲狠奴兒蓋指 Cananore。兌溫達擬採其說，論其方位固甚似，論對音則未合，好像更北有一地名尤合。其距離較之羅克希耳在別一方向所假擬之 Cambay

爲近，此地就是 Canara 沿岸之 Honavar，通稱曰 Honore 者是已。（參考 Yule, Hobson-Jobson 書四二三頁又契丹紀行第四册七三頁費瑯撰文見亞洲學報一九二〇年刊第二册七七頁。）羅克希耳（四六五頁）曾擬將島夷誌略之華羅位置於 Honore，其說非是。當永樂遣使之時，此 Honore 國王得與使臣發生關係也。

五一頁　誤革令作革全，不僅圖書集成本惟然，凡張昇本刻本其誤皆同。張昇本之南毘，馬歡本在此處亦作南昆。（勝朝遺事本並作南昆。）

五二頁　「王以銅鑄佛像名乃納兒」，（勝朝遺事本文同。）黄省曾書作「佛像謂之乃納兒」，足證乃納兒名稱之是。羅克希耳（四五六頁）譯張昇本，誤作納兒佛，此佛字應屬下文。

五二至五三頁　兑温達將馬歡書記述古里人交易之方法及其與中國寶船買賣之情形一段長文迻譯，甚善。可是有一重大錯誤必須改正。蓋「未訥几」不僅在後面著錄，在前段亦見有之。應解若古里二回回頭目不但受中國賞賜，而且並受中國封號。其下文云：「若寶船到彼，全憑二人主爲買賣。王差頭目幷哲地(chetty)未訥几計書算於官府，牙人來會，領船大人議擇某日打價。……其頭目哲地（未訥几）即與內官大人衆手相拏，……如買一主珍珠等物，該價若干，是原經手頭目未訥几計算，該還紵絲等物若干，照原打手之貨交還，毫釐無改。……」兑温達在此「哲地未訥几」譯名中見有 Valentyn 書所著錄之 waligi chitty，此解或者不誤。至此「未納几」，兑温達以爲在黄省曾書中作「米納」，其實此名凡三見於黄省曾書。（一見於本文，兩見於附註，）粤雅堂本兩作「米納凡，」一作「來納凡，」然借月山房本同別下齋本則一作「米納凡，」兩作「米納几。」顧吾人所見之馬歡書惟一刻本甚劣，不能遽謂「未訥几」爲是，而「米納几」爲非也。（勝朝遺事本將「未訥几」概行刪除。）

五四頁　「西洋布本國名指黎布，」此「指黎」在張昇本及黃省曾書（以及勝朝遺事本）中，並作「撦黎，」應以此「撦黎」爲是。羅克希耳（四五七頁）以其爲波斯語 šāl 之對音，可是西洋布常爲棉紗布之稱，而 šāl 則爲毛織也。（參考 Yule, Hobson-Jobson 書 šhawl 條，或者對於此名並應參考 Shalee 條，暨費瑯之文，見亞洲學報一九二〇年刊第二册二三一頁。）此布要爲坎巴夷（Coimbatore）之出產也。

五四頁　原文猶言一播荷該中國官秤四百斤，古里柯枝權量並同也。前在柯枝條，吾人曾見胡椒一播荷賣金錢九十箇，每金錢重一分一釐，金爲九成，則胡椒每播荷直金八錢九分一釐。茲在古里條，又見同一胡椒一播荷直金錢二百箇，每金錢重一分，金爲六成，則共直金一兩二錢。足證古里之胡椒賣價比較柯枝較貴。

古里金錢尚有一種較大的差別，因爲張昇本謂古里金錢重二分，兌溫達（五三頁）以爲馬歡本又謂有重三分八釐者也。案馬歡本之文曰，古里金錢「名吧南（panam, fanam），每箇官秤三分八釐，面底有紋，重官秤一分。又以銀爲錢，名搭兒（tar），每箇約重二釐零。」兌溫達曾見及馬歡此文難解，因假擬其所言者共有三種貨幣，而重一分之金錢，則爲一種未詳之金錢也。其實不應作此解，可以西洋朝貢典錄之文證之。據云，古里「錢面底有紋用六成金鑄造徑官寸三分八釐重官秤一分銀錢重三釐」如此看來，古里金吧南之重量確爲一分，馬歡本之「每箇官秤」應是「每箇官寸」之誤。此外「二釐」應改作「三釐」蓋張昇本及黃省曾書並作三釐也。至若張昇本「吧南重二分」應改作「吧南重一分」蓋馬歡本及黃省曾書並作一分也。〔勝朝遺事本作「以六成金鑄錢名曰吧喃徑面官秤三分八釐其重一分零使用銀小錢名曰搭兒每箇約重三釐」〕

五六頁　古里條末云：「差頭目乃邦進奉中國」此「乃邦」得爲羼入之文（如後此溜山條末有「乃一小邦也」此條後或亦有此語羼入前句之中）否則此「乃邦」祗能視爲人名。〔勝朝遺事本作「差其頭目以赴闕進貢」無乃邦二字〕

溜山條

五六頁　諸溜名稱中之起泉溜，起泉二字蓋爲吾人所見馬歡本之一種譌誤。可是馬歡本亦作加半年溜，（卽星槎勝覽之加平年溜）麻里奇溜，（卽星槎勝覽之麻里溪溜）與黃省曾本所著錄者同馬歡本原文應如是也可參照前文七五頁註一七。〔勝朝遺事本諸溜名並闕〕

五六頁　羅克希耳（三八九頁）譯張昇本「海𧴩（cowrie-shells）采而鬻于暹羅葛剌」（譯作 Kedah in Siam）之文，兌溫達對此並無一言。其實暹羅葛剌爲兩地，葛剌卽是榜葛剌之省稱也。可參考羅克希耳（三九二頁）所節譯的黃省曾書相對之文。觀張昇黃省曾記載之相符，足證馬歡本在此處文有脫漏。馬歡此文言及龍涎香(ambre gris)，末云：「其價高貴，以銀對易。」張昇本亦謂龍涎香「直與銀同。」可是黃省曾書之文極異，據云：龍涎香「其黃者如膠，黑者如五靈註一白者如百藥。」註二此數語應是馬歡本「其龍涎香漁者常於溜(Maldives)處採得，如水浸瀝青之色，嗅之無香，」等語以下脫漏之文。以後黃省竹書云：「煎其氣腥，」此語與馬歡本之「火燒腥氣」一語相對。黃省曾書續云：「或得之魚腹，其大如斗，圓如珠，其價以兩而易，凡兩易金錢一十有二，凡斤易金錢一百九十有二。」以上諸語，應皆本於馬歡書而爲今本所脫漏者也。〔勝朝遺事本文亦不全〕

註一　羅克希耳（三九二頁）在附註中譯此段，惟不解五靈之義，案五靈應指中國藥名中之五靈脂，乃蝙蝠糞，其色黑。

註二　借月山房本同粵雅堂本僅作「藥」，別下齋本作百藥，不知是否白藥(Platycodon grandiflorus)之誤。

覩今本馬歡書之下文，脫漏之跡尤爲顯然。其文云：「海𧴩(caurries)彼人採積如山，罨爛，亦賣販他處，名曰海溜魚而賣之。」張昇本相對之文曰：「海𧴩采而鬻于暹羅葛剌（榜葛剌）用與錢同，鮫魚鱻之，可鬻于鄰國，曰溜魚。」羅克希耳不明此鮫魚爲何魚，其實乃鯊魚(requin)也。兌温達譯上引馬歡文，以爲困難已解，其實困難尤甚。蓋羅克希耳既明見馬歡本所言者，即是溜山(Maldives)諸島所輸出之暴乾的 bonites 魚，而張昇此文祇能本於馬歡書；顧今本馬歡書乃謂海𧴩名曰海溜魚，實出人意料之外。幸有黃省曾書相對之文可以解決此種問題，其文云：「凡取海𧴩山積之而罨之腐之。凡取馬鮫註一魚斮之而暴之貯之。其來易者，爲暹羅之商，爲榜葛剌之商。」如此看來，張昇本中之鮫魚名稱不全，應從黃省曾書作馬鮫魚，然則非鯊魚矣。Taranzano 神甫之辭典譯馬鮫魚爲 maquereau 魚，顧 bonite 與 thon 及 maquereau 兩種魚爲同類，則馬鮫魚必指 bonite 魚無疑。張昇本與黃省曾書記載既然相符，姑不問馬歡書措詞若何，茲可補正其文曰：「海肌彼人採積如山，罨爛，（賣販於暹羅及榜葛剌，用與錢同；馬鮫魚彼人暫暴而貯之」亦販賣他處，名曰海溜魚而賣之。」此海溜魚原寫得爲溜魚，海字疑爲衍文，蓋張昇本之溜魚巳早見一三四九至一三五〇年的島夷誌略著錄也。（參考羅克希耳書四四六頁，費信轉錄之文，參考同書四四九頁。）（勝朝遺事本作「海肌採積如山，俟其肉爛，轉賣暹羅等國，當錢使用，其馬鮫魚切成大塊曬乾收貯，各國亦來收販，他處名曰溜魚。」觀此文，似證明溜魚之是，而海溜魚之非。）

註一　黃省曾書此處作駮，顯是鮫之誤。（勝朝遺事本確作鮫。）

五七頁　黃省曾書有「凡爲林，以椰子爲腹，花梨爲跗，」等語。兌溫達據馬歡書之原文，以糾羅克希耳（三九二頁）譯文之誤。案此文中之「林」字僅見粵雅堂本，借月山房本作「牀」，亦誤，應從別下齋本作「杯」，則不難索其解矣。

五八頁　馬歡本末有「壬以銀鑄錢使用」一語，張昇本闕，兌溫達無一言及之。西洋朝貢典錄相對之文云：「其交易以銀錢。」註云：「重官秤二分三釐。」此註應亦出馬歡原書，而不見今本者也。

祖法兒條

五八頁　馬歡述祖法兒國壬所服之衣冠，首言「以白細番布纏頭，」此語不難解。後言「或金錦衣袍，」亦不難解，惟中間之文頗費解。馬歡本云：「身穿青花如大指大細絲註一嵌蓋頭。」張昇本云：「衣青花細絲註二帨。」黃省曾書云「間服青花絲嵌圓領。」比較此三文，足證兌溫達譯文「花絲同嵌圓領巾」之誤。黃省曾的圓領，祇能是馬歡的蓋頭，同張昇的帨，所指者應是衣服本身。張昇之「帨」，卽馬歡所常用之「手巾」，此二名常爲手帕之稱。可是在上引諸文中，則爲「西洋人」所衣之布，此三箇不同的名稱所指者，祇能是一種披身或者並有蓋頭之外套（burnous）。靑花絲嵌者，卽此衣也。〔勝朝遺事本作「靑花細絲嵌圓領」，與黃省曾文極相近〕

註一　兌溫達所用紀錄彙編鈔本作線，其實原本作綠，復證以其他相類之文（如爪哇阿丹二條）紀錄彙編之「綠」，並爲「絲」之誤也。

註二　是爲寶顏堂本同續說郛本的寫法。紀錄彙編本誤作「綵」。

〔五八頁　紀錄彙編本同一切張昇書刻本皆作篳篥，惟勝朝遺事本獨作唎唎。案篳篥爲一種小喇叭之稱，原爲胡樂。中國譯名固有數種，然唎唎寫法他書未見，而且我亦不明馬歡所見祖法兒之樂器爲何種樂器也。除此篳篥或唎唎外，馬歡又言有一種樂器，曰鎖嗦，或作鎖捺，或作鎖吶。（視版本而異）此樂器後並見於榜葛剌條，大致爲波斯語 sūrnāi 或 sūrnā（羅克希耳六一二頁誤作 zurna）之對音。〕

五八頁　紀錄彙編本作俺八兒，可是版徵漫漶，卽是使人鈔寫錯誤。明史諸流行本亦皆作俺八兒，我不知兌溫達所見者爲何本。

阿丹條

五九至六〇頁　關於羅克希耳六〇七頁之譯文者，兌温達謂原文未言鄭和，而為一四二一年奉使之太監李某，（疑卽李興）及隨使之内官周某，其說甚是。可是我對於原文之解釋，有幾種修正必須提出。原文未言李太監等以皇帝書致祖法兒，王乃言「永樂十九年（一四二一）欽命正使太監李等齎詔敕衣冠賜其（祖法兒）王酋。」如是始與後文相合，蓋後至阿丹者，蓋為分䑸内官周某也。原文未言猫睛「重二錢餘，」僅言「重二錢許。」（後此六八頁亦誤解「許」字）金珀與其點斷為金，為珀，應作金珀，可參照此後對於兌温達書六九頁之說明。原文之「花猫鹿，」不應作花猫，同鹿，應改正作花福鹿，蓋指斑馬（zèbre）。此處所列舉之珍寶，與黃省曾所列舉阿丹之異物十有二品名目相同，其中卽有花福鹿也。金錢豹，不應分譯曰金錢，曰豹，應合譯曰金錢豹。羅克希耳六一一頁六一四頁六一六頁六一八頁，均應作同一之改正，此物卽是元史著錄之金文豹，（參考通報一九一四年刊四四七頁）元典章（十六卷一頁三八卷一頁）中已有金錢豹之著錄也。可參考 Courtois, App. sur les fourrures 九六頁，Blochet 蒙古史第二册（原文）二五五頁，我對於此物已輯有不少材料。

六一頁　馬歡謂阿丹之金錢名甫噜嚟，銅錢名甫嚕斯。紀錄彙編本後一名作甫喲斯，所以 Goeje 曾對菲力卜思提出 Abū Kaus（猶言舟父，此舟蓋指聖經中洪水時代之方舟）一名，以為卽是阿丹此銅錢之名稱。（並參考史萊格耳之說，見通報一八九九年刊四七四頁。）Sncuck Hurgronje 教授又向兌温達提出 bukšā 一說，是卽 Yemen 一貨幣之名也。此二說皆非，其實解說比較單簡，觀張昇本之哺嚕嘶，黃省曾書之甫嚕斯，（以及勝朝遺事本之哺嚕斯」譯名相同，足證甫嚩斯之誤，而其對音蓋爲阿剌壁語之 fulūs。此字蓋爲 fals 之多數，中世紀時始終用作銅錢之名者也。所餘者，金錢甫嚕嚟一名，Goeje 曾向菲力卜思提出 Abu Lu' lu（猶言珠父）一說，然我亦以爲非是。世人已知十五世紀下半葉時，在波斯語中見有 fulūrī 至少一次之著錄，卽金錢 aureus 之對稱也。（參考 Vullers 書第二册六九〇頁。）此字且在古斡禿蠻（Ottoman）語中存在，寫法相同。Radlov 書（第四册一九五四頁）僅譯寫作 flori，據謂是爲 Vénise 金錢(sequin)之古名，而出於義大利語 fiorino 者也。案 Vullers 業已言及此字似與 florin 有其關係，可是用純粹義大利寫法的 fiorino，似乎不成問題。因爲此種寫法欠缺 fulūrī 之 i，又一方面不僅因其繫於 florin，而遽讀若 flori。（如 Radlov 武斷之說）在東方諸音方面，已足解說此名爲 fulūrī 也。設若余說不誤，吾人所研究的中國記載頗有關係，因爲在迄今所見的波斯載籍最古記錄以前半世紀時，馬歡曾昭示吾人阿丹曾用此 aureus 之西方名稱也。

榜葛剌條

六二頁　自鎖納兒港（Sonārgāon）至榜葛剌國都，馬歡本云「行三十五站」，張昇本（紀錄彙編本）云「行三十五里始至」，或（寶顏堂祕笈本同續說郛本）「三十五里站至」，比較觀之，張昇本應原作三十五站，與馬歡本同。兒溫達曾尋究當時榜葛剌都城是在 Gaur，抑在 Panduah。（不知何故兒溫達始終寫作

Pandura）考費信書，其事無疑，蓋其明言榜葛剌曾長居處板獨哇也。（Panduah，藤田校注九九頁誤考訂是Bardwan）。有人謂榜葛剌都城曾在一四二〇年前後由板獨哇遷至 Gaur。（參考兌溫達書六三頁）費信至榜葛剌，應在此時以前，因爲費信曾自言在一四一二至一四一四年同一四一五至一四一八年兩役中往榜葛剌國。由是觀之，其時在榜葛剌尙建都於板獨哇之時，然則馬歡之情形是否相同歟？費信（兩本）言自鎖納兒港行二十站至板獨哇，西洋朝貢典錄採費信書亦作二十站，皆未言方向。馬歡本同張昇本則並言自鎖納兒港向西南行三十五站到其國都。此「西南」方向，兌溫達以爲無論如何絕不可能，殊不知 Gaur 誠在西北，板獨哇應在鎖納兒港之西南。如此看來，馬歡所誌站數，雖幾近倍於費信之站數，好像二人所至之國都實爲一城。設若榜葛剌都城洵在一四二〇年前後由板獨哇遷至 Gaur，設若馬歡到榜葛剌時，事在一四三一至一四三三年一役，誠如我之假定，則應改「西南」作「西北，」蓋鎖納兒港至 Gaur 之距離，實較遠於鎖納兒港至板獨哇之距離也。（關於此種城市及其方位者，可參考玉耳戈爾節本契丹紀行第四册。）總之，此問題之種種因素尙未確定，我不能故意屛除適合於板獨哇之一種方向的指定。〔勝朝遺事本作「西南行三五站，」必爲三十五站之脫誤。〕

六三頁　張昇本云：「市用銀錢曰儻伽，重三錢，徑寸二分，面有文。」兌溫達以爲羅克希耳（四三七頁）譯文誤作重三分，蓋張昇書三種刻本並作重三錢也，其說甚是。惟又云應從馬歡本改三錢作二錢，則我不以爲然。蓋黃省曾所引馬歡本云：「銀錢重官秤三分，」三分顯爲三錢之誤。觀黃書同張本「三」字之相符，足證馬歡原作

倘伽 (tanga) 重官秤三錢，非二錢也。〔勝朝遺事本確作三錢，不作二錢。〕

六三頁　榜葛剌樂工名根肯速魯奈，此名倘無考，則舉其異譯，亦有其必要。案張昇書三種刻本均以一「奈」字訓為優人，註一 馬歡之文從來無此寫法。

註一　鈞案紀錄彙編本同勝朝遺事本馬歡書，皆以樂工名根肯速魯奈。張昇本云：「有曰根肯速魯奈奈者，優人也。」第二奈字疑重出，伯希和將此二奈字點斷，所以發生此解。

六三頁　馬歡書所列舉榜葛剌土產細布數種，很有關係，惟其文常含糊不明。開始云：「土產五六樣細布，」續列舉其名，茲分別研究如下：

（一）「一樣蕐布，番名卑治，闊三尺餘，長五丈六七尺，此布匀細如粉箋一般。」兌溫達曾引證菲力卜思之說，以為卑治業經考訂是 betteela。但據 Yule（Hobson Jobson 書九十頁）同 Kern（Linschoten 第一册六六頁）二人之說，betteela 是一種細紗 (organdi) 之古名，代表純粹葡萄牙語之 beatilha 一字者也。Dalgado 在其 Glossario Luso-Asiatico 中，未載此字，然在其 Influência do vocabulario Português em linguas asiaticas 二十六頁中著錄，設若馬來語之 bitila 確出於葡萄牙語，其假借之時應在馬歡之後甚遠也。茲取其他相對之文以供比較，張昇本云：「蕐布曰卑泊，闊三尺餘，長五丈六七尺，細膩如粉箋。」黃省曾書云：「苾布註一 謂之卑泊，廣二尺，長五丈六尺，匀細而白。」觀馬歡張昇二本並作闊三尺餘，勢將承認其是。〔然勝朝遺事本作闊二尺，與黃省曾書同，則亦得爲二尺也」又觀張本黃書並作卑泊，尤足證吾人所見惟一馬歡書刻本卑治之誤。〔勝朝遺事本末著華布番名〕案黃省曾書之苾布寫法較古，蓋一三四九至一三五〇年的島夷誌略朋加剌（榜葛剌）條曾誌有此苾布也。（羅克希耳書四三六頁，藤田校注九八頁。）此苾字同馬歡所用之華字，要爲一種外國字之同名異譯，在十四世紀時移轉於中國商業用語者也。此種譯名原似馬歡後來著錄的卑泊之對音，藤田（校注九八頁）曾假定馬歡之卑泊疑是 Ibn-Baṭṭūtah 書中之 bairamī 布，並引證玉耳之契丹紀行第四册十九頁。我以爲此二名毫無關係，苾布在任何詞典中未見著錄，惟在明代常用之。明史在須文達那（三二五卷五頁「幼苾布十五匹」）舊港（三二四卷十頁）古里（三二六卷一頁）淡巴（三二五卷六頁）等傳言及苾布。又在滿剌加傳（三二五卷四頁）言及白苾布，並恰在榜葛剌傳（三二六卷四頁）中言及洗白苾布註二由是可見苾布之特色常爲白色。

註一　別下齋本寫法如此，借月山房本同，粵雅堂本並誤作宻布。

註二　洗白二字未詳，然可旁考明史三三二卷九頁之洗白布，同黃省曾書占城條末之洗白布泥。

（11）「薑黃（turméric）布註一　番名滿者提，闊四尺許，長五丈餘，此布緊密壯實」張昇本同，黃省曾書皆無異文。對音似爲 manjǎti，此名稱素所未識。考明史須文達那傳，（三二五卷五頁）有「花滿直地二，番絲紬直地二」二語，上一語不知能否解作着花的滿直地二匹？如作此解，則應改下一語之「紬」作「滿」。惟此二語「二」

字下無「匹」，與上文著錄布若干匹之例不同。而二語中之「直地」二字，不知爲取義抑爲譯音也。史萊格耳（通報一九〇一年刊三四二頁）會以爲「直地」對音是摩訶剌侘語(mahr.)之 čīt，欣都斯單語 (hind.) 之 čīnt，均出於梵語 (scr.) 之 citra，即吾人之"chintz"是已。（參考 Yule, Hobson-Jobson 書二〇一頁）或者具有理由。

註一 羅克希耳譯薑黃布作「薑皮黃棉布」，誤也。薑黃實爲 curcuma 或 turméric 之漢名。（參考 Laufer, Sino-Iranica 三一二頁。）馬歡在忽魯謨斯條中曾言「黃土如薑黃色之黃」（參照兌溫達書六七頁。）

(三)「一樣註一 沙納乞付，闊五尺，長二丈，便如生平羅樣，即布羅也。」張昇本云：「曰沙納巴付，闊五尺，長三丈，如生羅，即布羅也。」黃省曾書云：「布羅謂之沙納巴付，廣五尺，長三丈，狀如生平羅。」比較三文，足見馬歡本沙納乞付應作沙納巴付，二丈應作三丈。（勝朝遺事本作「一樣名沙納巴付，闊五尺，長二丈如生羅，即布羅也」）前面比較的名稱固非習見的名稱，然其義尙明。羅者蓋指絲織之羅，布者蓋指大麻 (chanvre)，苧麻 (ramie)，dolichos 等物所織之布。自中世紀末年以來，尤專指棉織之布。則布羅猶言布質之羅，（絲羅以外之羅）沙納巴付久經人考訂爲波斯語之 shānbāft。（參考羅克希耳書四三九頁，兌溫達書六三頁。）案 Hobson-Jobson (shanbaff 條）固載有此字，可是 Vullers（第二冊三九二頁）所採錄之獨一寫法是 šānah-bāf。又考 Ibn-Baṭṭūṭah 書之 šānbāf 亦可讀作 šānabāf，總之 Yule 所裒輯之寫法無一寫法後有 -t 者也。如此看來，

漢語譯音恰對 šānah-bāf 無誤。可是此布應是 Varthema 等所著錄之細布 šinabaffi，而非 Vullers 所採諸原書中之粗布 šānah-bāf 也。

註一　觀前後語氣之相同，此處應脫「番名」二字。

（四）「一樣番名忻白勤搭黎，闊三尺，長六丈，布眼稀勻，即布紗也，皆用此布纏頭。」張昇本文多同，惟云布眼疎窻。（紀錄彙編本誤窻作麗）黃省曾書作忻白勤搭㗫。（別下齋本獨作忻白勒搭㗫，）（勝朝遺事本亦作忻白勒搭㗫。）如此看來，馬歡所言用作纏頭之布，原或寫作忻白勤搭黎，然我未見布名有 hinbokindari 一類之對音者也。

（五）「一樣沙榻兒，闊二尺五六寸，長四丈餘，好註一 三梭布一般。」張昇本同，黃省曾書文多相同，惟布名作沙塌兒，馬歡原寫應如此也。費瑯（亞洲學報一九二〇年刊第二册二三〇頁）曾將此沙塌兒與 Yule 本 Hobson-Jobson 書七〇六頁之 chowtar，及同書二一七頁之 chudder，共比較，不爲無見。（尙應加入 Dalgado, Glossario 書中之 chauter。）考 Ayn-i-Akbari 書中之寫法，作 cāwtar，所以我在一九二二年時（通報第二十一册九六至九七頁，）主張改此名作抄塌兒，可是現在勢須承認此沙塌兒之譌寫。在一四五一年的刻本中已早有之。總之，現在我欲聲明者，此 cāwtar 猶言「四線，」在技術方向與漢語之「三梭」頗有關係。

註一　好字顯爲如字之誤。（勝朝遺事本作「如好三梭。」）

鄭和下西洋考

（六）「有一樣番名驀黑驀勒闊四尺長二丈餘背面皆起絨頭厚四五分卽兜羅錦也。」張昇本同，惟絨頭作毳絨。黃省曾書借月山房本作驀哩驀勤及兜羅錦。粵雅堂本作驀哩驀勤及兜羅綿。別下齋本作驀哩驀勤及兜羅綿。羅克希耳曾思及毛夕里紗(mousseline)之名 mahmal 者，可是亦知此毛夕里紗與馬歡書所誌未合。費瑯（亞洲學報一九二〇年刊第二册二二七頁）以爲卽是 mahmal 之對音，此字猶言絨。西洋朝貢典錄雖有別寫，我以爲費瑯之說不誤。意者馬歡讀「驀」字之附帶的讀法作 ma，故有此種譯法。所餘者兜羅綿或兜羅錦的問題考 Ayn-i-Akbari 書之 mahmal 爲「金織物」或「絲織物」（亞洲學報一九二〇年刊二二七至二二九頁）而馬歡張昇所言之「錦」似與此義合。但是馬歡所言者皆屬布類而非絲類，（在列舉布名以後，方說到金織絲嵌手巾等物）然則其所言之驀黑驀勒非絲錦矣。顧「綿」「錦」二字形近易混，一二二五年時，趙汝适在其諸蕃志中常言兜羅綿，並特在鵬茄囉 (Bengale) 條中言之，說此布最堅實。（參考諸蕃志譯文八八頁，九七頁，一一六頁二一七頁。）譯者 Hirth 同 Rockhill （同書二一九頁）雖見兜羅代表梵語之 tūla，（應讀作 tūlā）此言綿者，然以爲兜羅綿始見於諸蕃志中，質言之，始見於一二二五年時。殊不知此譯名甚古，我曾在三世紀末年的漢譯佛經中見有兜羅綿之名。（參考 Przyluski 撰「阿育王故事」二五〇頁，又日本大藏明治本藏字套第十册五頁，並參考佛教大詞典一二七八頁。）嗣後在具有威權的載籍中並作兜羅綿，可是漸漸有誤作兜羅錦者。（如 Laufer, Sino-Iranica, 四九一頁所舉之一例。）馬歡張昇費信諸書刻本之作兜羅錦者，黃省曾書三種刻本有兩種作兜羅綿。明史榜葛剌傳（三二六卷四頁）須文達那傳（三二五卷五頁）淡巴傳（三二五卷六頁）始終皆作兜羅綿。一三四九至一三五〇年的島夷誌略，在班達里條（羅克希耳四六四頁）確作兜羅綿；乃在朋加剌（Bengale）條作兜羅錦。（羅克希耳書四三六頁。）意者馬歡費信所見之島夷誌略鈔本寫法業已如此，或者就是其兜羅錦之所本歟？現在我雖未能斷言，然頗以爲島夷誌略之兜羅錦，似是兜羅綿之誤。馬歡所言之驀黑驀勒，不是綿錦，乃是綿絨。但是在十四世紀時，容或有人根據兜羅綿的名稱，另外想出一個兜羅錦的名稱，亦非不可能之事。註一

註一　辭源將兜羅綿同兜羅錦分爲二物，對於兜羅錦出處的引證，是格古要論，也就是 Laufer 所糾正其「錦」爲「綿」之誤的那一部書。Taranzano 科學詞典第二册二六六頁的兜羅錦，並附以 Shorea robusta 的對稱，也是本於同一錯誤而來的。

忽魯謨斯條

六四頁　羅克希耳（六〇四頁）曾謂在馬歡以前未見中國載籍誌有忽魯謨斯的名稱，是忘記一世紀半前的經世大典地圖上著此名矣。（參考 Bretschneider, Med. Res., 第二册一三〇頁。）此外一三〇七年護送合贊（Ghazan）的使臣那懷（Noghai）西還的海運千戶楊樞墓誌，曾說他在忽魯模思（Ormuz）登陸。關於此一三〇七年之役者，應該研究玉耳戈爾節本馬可波羅書所引瓦撒夫（Waçça̅f）書關於此役之記載，並參考錢大昕的諸史拾遺五卷六六頁，同魏源的元史新編十八卷八頁。忽魯謨斯與明朝交際之開始，將來尚需要詳細

的研究。據明史(三二六卷五至六頁)，其交際之開始，蓋發端於一四一二年永樂命鄭和往忽魯謨斯，其王乃遣使臣巳即丁(Izzu-'d-Dīn)奉表入貢。一四一四年至京師。自是凡四貢，和亦再使。一四三一至一四三三年間，鄭和復至其國，其王賽弗丁(Saifu-'d-Dīn)遣使入貢。一四三三年至京師，一四三六年又入貢，嗣後遂絕。又據吾學編(六八卷四〇頁)，說有忽魯謨斯忽魯母恩二國各遣使入貢。一四〇五年忽魯謨斯國王遣使馬剌足至京師，同年忽魯母恩國王遣使巳即丁至京師。此處之忽魯母恩，當然是忽魯母思之誤，蓋忽魯謨斯之同名異譯也。馬剌足名稱近類三〇頁註二之馬戍所謂一四〇五年之巳即丁，就是一四一四年之巳即丁。可是我現尚未能言此種一四〇五年的貢使，是否實有其事。

(六五頁　關於婚姻一節，紀錄彙編本之文舛誤難讀。勝朝遺事本則云：「如娶妻，先用媒妁以通禮，訖，其男家即置席請加的，加的者，掌行規矩之官也，即主昏人。」恰合兌温達參照張昇本同黃省曾書而改正之譯文也。)

六六頁　此食物「哈喇撒」之名稱，應使阿剌壁語學家知之。我在他書未曾見有著錄，首二字對音似是halwā，末一字應有誤。(勝朝遺事本無此名。)

六六頁　誤底那兒作那底兒，黃省曾書亦然，則其誤應始於一四五一年的刻本，此種倒誤前已見之。(勝朝遺事本作底那。)

六六頁　忽魯謨廝銀底那兒(dinar)，馬歡本及黃省曾書並作「徑官寸六分」。(勝朝遺事本作「官寸六分徑面。」）綜考諸文，皆言徑面合中國官寸之六分。兌温達譯文誤作一寸六分。馬歡本又云：「底面有紋。」兌温達譯文作「面載文字。」案馬歡本阿丹條言及甫嚕嚟時，亦云底面有紋。羅克希耳（六〇八頁）譯作「面上有像。」兌温達對此竟無一言。要知「紋」者，應指阿剌壁文字，或其他非中國文字。檢馬歡書祖法兒條，不難釋世人之疑矣。其文曰，金錢「一面有紋，一面人形之紋。」（參照兌温達書五九頁）可是兌温達對於古里金錢「面底有紋」一語，解作「兩面有文字，」我意已與之同。至若現在所研究之「底面，」我以爲常作「後面」解。馬歡在前條言及兜羅綿時，曾用「背面」也。惟應知者，馬歡在古里條用「面底」二字，乃在阿丹忽魯謨廝二條用「底面」二字，是否確爲一種區別？設或如是，則應解作阿丹忽魯謨廝之金錢反面有文字，而於正面並無一言及之也。

六七頁　諸果名中，馬歡本有把聃，核以前譯 Adam 作阿聃之例（羅克希耳書三七九頁，）應是波斯語 badam 之對音，亦卽阿丹條之把擔也。由是我敢斷言諸本著錄之名有誤，「聃」疑是「聃」之譌，明史三二六卷六頁（同勝朝遺事本）卽作把聃也。世人應注意者，在這些譯名中，如同在 fanam 等類的譯名中，凡外國名稱有 -m 收聲者，漢譯皆以漢字古讀有 -m 收聲之字譯寫。如此看來，這個漢語的 -m 收聲，在譯人方言之中，尚未變爲 -n 收聲也。

六八頁　「果有……薩蒜蘿蔔等物，其甜瓜胡蘿蔔紅色如藕大……，」文有舛誤，似應將「其」字移於甜瓜下，改正其文曰「……薤蒜蘿蔔甜瓜等物，其胡蘿蔔……，」兌溫達譯文闕菜瓜。

六八頁　「花紅如拳大甚香美。」譯文誤認花紅爲石榴，案花紅是林檎(Pyrus malus)之俗稱也。

六八頁　「萬年棗(datte)有一樣，好好柿餅軟棗之味，」前一好字疑是如之誤，(勝朝遺事本卽作「如好柿及軟棗之味。」)案柿餅卽是乾柿，然軟棗亦是柿之一種別稱，好像此處所指之柿餅是 Diospyros kaki，軟棗是 Diospyros lotus。至若南棗，非南方之棗，卽棗(jujube)也。

六八頁　「珍珠如龍眼大」龍眼乃果名，卽 Nephelium Longara 是已，非龍之眼也。

六八頁註八　金鋼鑽確是金剛鑽之誤。黃省曾本(同勝朝遺事本卽作金剛鑽)。

六九頁　「金珀珀珠神珠鑞珀黑珀番名撒白値。」黃省曾書云：「諸珀謂之撒白植，其類有五，一曰金珀，二曰并珀，三曰珠神珀，四曰蠟珀，五曰黑珀。」諸珀之中除其總名琥珀(ambre)外，前此僅見金珀一名。Laufer (Sino-Iranica, 五二二頁)曾指出明代有一文言及阿剌壁時，著錄有此金珀，吾人前在滿剌加條業已見此金珀。明史(三二六卷五頁)在阿丹傳亦有著錄，曾被人誤認爲「金葉」或「金及琥珀。」羅克希耳書一一六頁，四六二頁，六〇六頁，六一六頁，六二〇頁，卽見有此誤解也。其他諸珀未詳。設若黃省曾所列舉之種類，未在兩點上保存一種較佳的傳說，註一 我將不敢以黃省曾所列舉的種類反對馬歡所列舉的種類。第一點就是蠟珀，比較馬歡的鑞珀爲可取，所以兌溫達決然採用。第二點就是今本馬歡書可以使人誤會撒白値就是黑珀的番名，兌溫達卽作如是解。乃黃省曾書則以其爲諸珀之總稱，我以爲黃省曾在此處所保存的，必是馬歡的原說。兌温達旣以撒白値是黑珀的番名，於是 Kramers 以 šabača 的解說告訴兌温達。據說此字似出於 šaba，此言黑玉（jais），或出於 šab-čirāgh，此言夜燈，蓋指一種光彩燦爛之石。我以爲此二說皆非，撒白値簡單就是波斯語琥珀名稱 šāh-boī 或 šahboī（此言王香）之對音，可參考 Vullers 書第二册三九四頁，四八四頁。但是漢譯撒白値（sabojī?）之尾音，我實不得其解。（不知是否因爲方言的變化。）此 šāhboi 之漢譯名，又提出別一問題：波斯人所撰的波斯語字典，對於琥珀曾採錄有 šāh-parī 或 šahbarī 的寫法，世人以爲卽是 šāh-boī 或 šahboī 的一種傳寫之誤。Laufer 在 Sino-Iranica 五二一頁註十一中所採用的，卽是此 šahbarī 寫法。根據吾人所見的十五世紀初年的漢譯名，好像應以 šāhboī 爲是，而 šahbarī 爲非。總之，我不信訛寫能常流行，所可異者，一二六三年的西使記謂龍涎香（ambre gris）名撒巴爾，考其對音，似是 šahbarī，而非 šahboī 也。（參考 Bretschneider, Med. Res., 第一册一五二頁，Hirth 同 Rockhill 的諸蕃志譯文二三七頁。）〔勝朝遺事本僅作「金珀蠟珀番名撒白値。」〕

註一　反之，不見於黃省曾書之珀珠，恐是斷句錯誤。因爲珀珠之名，在明以前已早有之。例如陶宗儀的輟耕錄（一三六六年）卷十三中書鬼案條中之琥珀珠是。已踏珀中有若干種已被採錄入翟理斯之詞典九四一八則，不知其間接本於何書。

六九頁　誤「器皿」爲「器血」，乃兌温達的鈔本獨有之誤。

六九頁　「十樣錦翦絨花單，其絨起一二分」兌溫達譯文脫「十樣」二字，此字在西洋朝貢典錄中亦有之。復次原文是「一二分，」譯文誤作「一二寸。」案一二分合二公釐半至五公釐，可見其絨極短。

六九頁　馬歡本之撒哈唎，應從黃省曾書改作撒哈喇。兌溫達又在 sâl（披肩）一字中尋求其對音，殊不知羅克希耳（六〇六頁）曾繼 Rouffaer 之後，將馬來語之 sakĕlat 與此譯名共比對，後一說是也。此字乃是中世紀時流行舊世界全境之一字，可參考 Hobson-Jobson 書 suclât 條。玉耳以後，尚有他人言及此字，就中有費瑯同 G. Colin 二人。我亦對此預備有一篇考證。此撒哈喇之後，馬歡誌有「氈氁羅氈紗，」黃省曾則合上名併作「撒哈喇氁紗。」羅克希耳（六〇六頁）以氁字等若幙字。假定是「撒哈喇紗幙，」其說非是。蓋幙為幕之別寫，在此處必不成問題。案一三六六年的輟耕錄（十一卷四頁）采繪法條，言及調合服飾器用顏色時，謂氁子用何色，氁綾用何色。明史（三三二卷九頁）米昔兒傳，謂一四四一年時賜埃及（Ehypte）鎖魯檀（sultan）阿失剌福（Aŝraf）諸物中，有白氁絲布。（參考 Bretschneider, Med. Res., 第二冊三〇八頁。）此白氁絲布，我以為好像是十三世紀時邱處機西遊記中白麽斯之同名異譯，蓋指毛夕里紗（mousseline）也。（參考 Bretschneider 書第一冊八九頁。）康熙字典云，氁毛段也，並引有前述輟耕錄之文，可見其亦不識此物。輟耕錄中之氁子，似是平常的毛夕里紗，氁綾似是嵌紋的毛夕里紗（mousseline damasquinée）。黃省曾之氁紗，得為氁子，亦得為氁綾，可是黃省曾誤將撒哈喇氁紗併為一名。至若馬歡書之文，我以為有誤。前一氈字似衍文，後一氈字似傳寫之誤。馬歡原文好像是毽羅毽紗，（疑是輟耕錄之毽綾毽子）所言者蓋爲兩種毛夕里紗也。〔勝朝遺事本確作毽羅毽紗〕。

六九頁註六　「一等門羊」乃是一等門羊之誤。

六九頁及註七　「又出一等獸名草上飛番名雅禍失。」兌温達曾註明此雅禍失在黃省曾書中作昔雅鍋失，〔勝朝遺事本作昔鴉鍋，〕曾想到是波斯語之 hargōš，此言山兎，可是與原文記載及對音皆有未合。馬歡所言者，蓋是一種山貓（lynx）學名 Felis caracal 者是已。波斯語名 siyāh-gōš，猶言「黑耳，」學名蓋取諸突厥語（ture）意義相同之 qaraqulaq 者也。元明兩代中國載籍時常著錄此名。如此看來，馬歡本之名傳寫訛誤，可參考 Vullers 書第二册三六一頁 Bretschneider 撰文，見中國雜誌第五册一二六頁，又 Med. Res. 第一册一二七頁，Blochet 蒙古史原文二五五頁。我並想對於此獸刊布一種考證。案昔鴉鍋失是一猛惡動物，所以馬歡幾視之若獅子。兌温達所言之闕文，須先見於一四五一年的刻本，始有其可能，緣黃省曾書之文在此處與馬歡本之文相符也。馬歡言此獸「儼似玳瑁斑貓樣，兩耳尖黑。」黃省曾書僅云「質如玳瑁。」案斑貓爲 cantharide 之漢名，前在馬歡本爪哇條中業已見之，馬歡似謂此山貓之皮有類玳瑁同斑貓之紋狀。可是此玳瑁二字亦得加入一未識的名稱之中，甚至可以加入魚名之內，譬如謂 Serranus megachir 曰「玳瑁石斑魚」之例是已。〔尤使此問題複雜者，勝朝遺事本云「儼似玳瑁斑狸奴，」此斑狸奴未詳爲何物。〕所餘者，此獸之「黑耳，」兌温達對於「兩耳失黑」毫無說明。我以爲失黑蓋爲鐵黑之譌，由鐵省寫作鉄，又由鉄譌爲失，前此在舊港條已見「脚長鐵黑」之喻也。

七〇頁　羅克希耳（六〇七頁註一）引西洋朝貢典錄之文，謂忽魯謨斯國王曾在一四〇五年（鈞案原作永樂五年應是一四〇七年）遣使將麒麟等物跟隨回洋寶船進貢。可是明史忽魯謨斯傳，謂初次入貢之事在一四一二年，羅克希耳亦曾言之。尙可附加者，一四〇三至一四〇五年間鄭和航行未逾印度，則不能至忽魯謨斯。又一方面此初次貢麒麟之事，明史本紀一四〇五年下無其文。殆是黃省曾誤記，與吾學編所本之同一載籍錯誤相同也。

天方條

七〇頁　黃省曾書在此處從馬歡書，所以亦位置默伽於　Djeddah　之西，〔勝朝遺事本亦同〕至若此 Djeddah 之番名，吾人所見之惟一馬歡本兩作秩達，其對音頗與阿剌壁語之 Jidda 未合。黃省曾書相對之文，粵雅堂本同別下齋本均作秧溚，惟保存原名較善之借月山房本則兩作秩溚。夬與央形近，常致混用。Hirth 曾採的秧薩羅，以爲卽是耶路撒冷（Jérusalem）者，卽有此種互用之例。（見中國及羅馬東境八四頁，又二〇四頁。）所以沙畹同我在亞洲學報一九一一年刊第二册五二五頁註二中頗費躊躇。現今在此譯名中我實不解黃省曾所用譯名之下一字與馬歡本不同之理。可是上一字顯然是相同之字，而秧達得爲秩達之誤也。註一〔勝朝遺事

本亦作秩達〕

註一　鈞案砄字太僻，在譯寫中未見用之者，不如謂爲秩達之誤，立說較圓。

七〇頁註六　刻本實作「始」，然版片微漫漶，抄寫時得誤爲「姑」，前此已見誤沙姑作沙始之例也。

七一頁　兌温達譯白玉石作 white jade-stone，而不省譯作 white jade，甚是。中國載籍對於此類礦石名稱，固常遊移不定，然常指 onyx 爲白玉石。馬歡所見愷阿白（Ka'aba）之柱石得爲此石，亦得僅指一種光麗而色白之石也。黃省曾書與馬歡本並同。兌温達註㈢之「柯」乃「阿」字排印之誤。

七一頁　「內用沈香大木五條爲梁，以黃金爲閣」。案沈香是 bois d'aigle 之木稱，非 aloëwood。「閣」字亦不能譯作 screens，然我亦不能提出一種確當之譯名。

七一頁　「滿堂內墻壁皆是薔薇露龍涎香和土爲之，馨香不絕。」譯文微誤。蓋黃省曾書云：「以薔薇露龍涎香日塗堂之四壁，馨香不絕」也。此文雖與今本馬歡書微異，然似非出於誤會。

七一頁　「上用皂紵絲爲罩罩之，畜二黑獅子守其門」。〔勝朝遺事本作「用皂紵絲爲罩，畜二獅子黑色者守堂門」〕

七一頁　黃省曾書所言之「古佛墓」，蓋即馬歡本「司馬儀（Israël）聖人之墓」。觀此例，足以推想中國的「儒士」對於一種外國宗教所用的名稱之價値。

七二頁　黃省曾書之「撒卜泥，」已早見一三六六年的輟耕錄卷七著錄，馬歡本作「撒不泥。」（勝朝遺事本同。）

七二頁　兌温達鈔本所闕之字是「五」字。

七二頁　馬歡言司馬儀墓「圍墳之墻以泔黃玉疊砌，」兌温達譯泔黃玉作 yellow sweet jade。可是亦知此文提出一種現在幾難解決的問題：費信書言禮拜寺（Ka'aba）「黃甘玉爲地。」黃省曾並採馬歡費信之文，則其發生一種混解亦無足異。所以對於禮拜寺舖地之石，借月山房本同粤雅堂本作黃甘玉與費信同；可是別下齋本則作泔黃玉，而從馬歡書。對於司馬儀之墓垣，粤雅堂本作黃甘玉，借月山房本同，別下齋本則均作泔黃玉。註一　由是觀之，泔黃玉的寫法，在馬歡書一四五一年的刻本中已早有之。可是泔黃玉同黃甘玉皆無考，祇有黃玉有徵，此物卽是 topaze 之漢名。明「嘉靖時，製方丘朝日壇玉爵，購紅黃玉於天方(La Mecque)哈密(Qomul)諸蕃，不可得。有通事言此玉產於阿丹（案此處之阿丹疑指和闐 Khotan，非 Aden 也）去土魯番（Turfan）西南二千里，其地兩山對峙，自爲雌雄，或自鳴。請如永樂宣德故事，齎重賄往購，帝從部議已之。」（明史三二六卷五頁）我原擬從馬歡書之泔黃玉的寫法，可是「泔」字無義可尋，疑是傳寫之誤。一四五一年的刻本中或早已誤「紺」作「泔，」此紺黃玉同百年後所擬購取的紅黃玉，或者相近。（勝朝遺事本作「紺黃玉。」）

註一　明史（三三二卷十一頁）前段之文亦採自費信書，後段之文亦採自馬歡書，並非採自黃省曾書者。蓋其言司馬儀爲「聖人，」而非「古佛，」可是石的名稱並從費信書作黄廿玉。

七二頁　「石榴花大梨子，」兌温達譯文僅作石榴大梨，删花字。我以爲此花字之下應脱紅字，花紅卽是林檎之俗稱。黄省曾書作「石榴林檎梨，」可以證巳。

七三頁　紀錄彙編本誤「阿必糝糝」作「何必糝糝，」（勝朝遺事本作「阿卜糝。」）兌温達採自三才圖會中之司馬儀及糝糝（Zamzam）井的故事，曾被錄入圖書集成。一九〇六年時，翟理斯已將此文譯載入Adversaria Sinica 五五頁至五七頁中。沙畹在同書一一五頁已有考證。沙畹根據三才圖會之撰年，以爲此種故事得是十五世紀之中國巡禮人傳自阿剌璧者。其實此井聖水故事，雖未著錄井名，要已早見於一一七八年周去非的「嶺外代答大秦」條中。一二二五年的諸蕃志採錄「嶺外代答」之文，而位其事於天竺（Inde），可參考諸蕃志譯文一一一頁，一一一三頁。考三才圖會（一六〇〇年頃撰）所載之文，不出於馬歡費信之書，然藤田（校注一〇七頁）所引事林廣記之文，完全與之相同。考千頃堂書目（卷十五二八頁四六頁四七頁，）事林廣記，宋陳元覯撰，其人並撰有歲時廣記。（參考遠東法國學校校刊第九册二二四至二二五頁。）我雖未見此事林廣記，然考格致鏡原所引諸條，及藤田所引的一條之文，此書撰年不能在十四世紀以前。我曾在教廷藏書室見有一部事林廣記殘本，內載有漢語蒙古語字書，同漢語日本語字書，各一編，不知是否爲同一事林廣記？其撰時要在明初，司馬儀同糝糝井的故事，好像是從事林廣記錄入三才圖會者。

黃省曾書之天方條頗有疏誤，首誤以薔薇露龍涎香塗愷阿白之四壁，次誤二八舉一巨桃，其實馬歡所言者乃西瓜 (pastèques) 也。後論曰「國史以默德伽別於天方，而歡云即其地，余詳考之，謨罕驀德默德伽王也，而天方之西有其墓焉，則一國二名者矣」。此默德伽應是誤合默伽 (La Mecque) 默德那 (Médine) 二名爲一。若能考出黃省曾之所本，及分別默德伽天方爲二國之一五二〇年的明代「國史」，爲何書，亦不乏興趣也。

現在所餘的問題，僅在確定一四〇五至一四三三年間諸中官駕駛船舶橫渡印度洋的使命之性質。馬歡書始終名此種船舶爲「大䑸寶船」，此名有解釋之必要。我行將說明寶船應解作「載寶之船」，然則大䑸之義爲何歟？

此「䑸」字不見於何種字書，吾人讀音作宗，或者不誤。麥耶兒思首檢前此翻譯的前聞記之文時，曾見此䑸字與 jonque 讀音相似，遂以爲此二字皆出於爪哇語之 jong，此言大船也。羅克希耳（八七頁）亦在馬歡書首紀行詩中見此䑸字。最後兌溫達復在馬歡書本文中見之。我現在無暇討論此 jonque 一字之起源，欲詳究者，可檢 Yule, Hobson-Jobson 書第二册四七二頁，同 Dalgado, Glossario 書四九七至四九九頁。其惟一具有關係之點，則在一三〇〇年前後，剌失德丁書以爲 junk(或 jung)就是大海中的大舶之漢名。案「船」字對音未合，不成問題。由是可以尋究此 junk 或 jung 是否就是䑸字之對音？其字雖不見於字書，然在民衆用語中已流行也。可是我應聲明者，所見䑸字之諸例，似乎不足爲譯作 jonque 之辯解。緣南海貿易之大舟常名曰海舶，永樂宣德兩代奉使之舟，則名寶船。艅字僅在「大艅」「分艅」二名中見之。大艅就是正使所統艦隊之全部，（見馬歡書舊港蘇門荅剌古里等條同前聞記）分艅卽是分遣某人所駕赴某地之一舟或數舟。（見馬歡書首紀行詩同阿丹天方等條）如此看來，無論 字與爪哇語之 jong 及吾人之 jonque 關係若何，要非指 jonque，乃指艦隊。則應將我所知之七例作如此翻譯，大艅寶船者，蓋爲大隊載寶之船也。註一

註一　除上述七例外，尚有西洋朝貢典錄一五二〇年序文所言鄭和總率之巨艅百艘，巨艅猶言大艅也。又同書滿剌加條有歸艅，蓋指鄭和遣赴各地歸來會萃於滿剌加，以備同歸中國之船舶也。

寶船之名固常見於馬歡書，然非馬歡自有之名詞。其特性則在當時人視此遠征之標的，爲求遠國之奇珍異物。黃省曾在三佛齊（舊港）條末論擒陳祖義之事曰：「然則和豈貿易珍寶之使哉？」具見當時流行之說已如此，而省曾特辨其非也。乃考馬歡書數言寶船在諸地貿易之事（暹羅古里阿丹等條），有時且用「寶石船」之名。註一　鄭和本傳（明史三〇四卷二頁）且曰：鄭和「所取無名寶物不可勝計；而中國耗廢亦不貲。」所以洪熙帝卽位之日（一四二四年九月七日，）停罷下西洋寶船（明史八卷一頁）。六年以後，宣德帝欲復覩永樂時之盛事，復命爲一四三一至一四三三年之遠征。明史（卷三三二，二十二頁）坤城傳追述其事云：「仁宗不務遠略，踐阼之初，卽撤西洋取寶之船，註二　……宣德繼之，雖間一遣使，尋亦停止。」觀上引諸文，寶船之爲載寶之船無疑，其名稱且表示其事多半爲貿易及耗費之事。所以遣諸閹人等齎詔敕賞賜，而同時並爲宮中求奇珍異寶。惟是諸閹

人中之要人鄭和，勇武而有才能，不僅在其所過之地建立不少碑文，且擒蘇門荅剌島之一叛人，與錫蘭島之一國王，歸獻闕下。如是重立七世紀時中國使臣王玄策執印度之一國王歸獻唐太宗之功績。鄭和之故事流傳於稗官小說，復由稗官小說羼入正史。中國東南諸島有名婆羅，又名文萊者，一六〇〇年前後，其王是福建人。「或言鄭和使婆羅，有閩人從之，因留居其地，其後人竟據其國而王之。邸旁有中國碑，王有金印一，篆文，上作獸形，言永樂朝所賜，民間嫁娶必請此印印背上以為榮。」（明史三二三卷八頁）惟考載籍無鄭和至婆羅之文也。明史（三二三卷七頁）雞籠山條又別載一故事云「永樂時，鄭和徧歷東西洋，靡不獻琛恐後；獨東番遠避不至，和惡之，家貽一銅鈴，俾挂諸項，蓋擬之狗國也。其後人反寶之，富者至掇數枚，曰此祖宗所遺。」

註一 「中國寶石船」見原文二七頁，兌溫達書五〇頁誤譯作「商船上之外國人」。（鈞案寶石船應是寶船傳寫之誤，蓋勝朝遺事本相對之文作中國寶船也。）

註二 案以下番諸軍守備南京，顯在此種下西洋寶船停罷之後。

此種旅行之要績在吾人視之得為馬歡費信鞏珍三人行紀之編撰，惜吾人對於此種行紀所知未能詳備。鞏珍之書今未能見。馬歡之書僅見兩種刻本，譌誤甚多，間有闕文。張昇之改訂本忽魯謨斯條所存無幾，天方條全佚。費信之書現存兩本，一為原本，吾人僅見有一譌誤充滿之鈔本，別一本闕末四條。至若藤田豐八引證一次之瀛涯勝覽舊鈔本，世人或可希望有日可以見之。馬歡之書雖文筆簡樸，要為吾人最良的報知人，凡其經歷之地所見既，審所記亦甚詳贍確實。羅克希耳、兌温達及我，旣已先後爲此預備工作，將來使瀛涯勝覽獲有一種校勘本及一種全譯本，爲時殆不久矣。

附明史鄭和傳

鄭和，雲南人，世所謂三保太監者也。初事燕王於藩邸，從起兵有功，累擢太監。成祖疑惠帝亡海外，欲蹤跡之，且欲耀兵異域，示中國富強。永樂三年（一四〇五）六月，命和及其儕王景弘等通使西洋。將士卒二萬七千八百餘人，多齎金幣，造大舶，修四十四丈、廣十八丈者六十二。自蘇州劉家河泛海至福建，復自福建五虎門揚帆，首達占城（Champa），以次徧歷諸番國，宣天子詔，因給賜其君長；不服則以武懾之。五年（一四〇七）九月，和等還，諸國使者隨和朝見。和獻所俘舊港（Palembang）酋長。帝大悅，爵賞有差。舊港者，故三佛齊（Srivijaya）國也，其酋陳祖義，剽掠商旅。和使使招諭，祖義詐降，而潛謀邀劫。和大敗其衆，擒祖義，獻俘，戮於都市。六年（一四〇八）九月，再往錫蘭山（Ceylan）。國王亞烈苦奈兒（Alagakkonara）誘和至國中，索金幣，發兵劫和舟。和覘賊大衆旣出，國內虛，率所統二千餘人，出不意攻破其城，生擒亞烈苦奈兒及其妻子官屬。劫和舟者聞之，還自救，官軍復大破之。九年（一四一一）六月，獻俘於朝。帝赦不誅，釋歸國。是時，交阯已破滅，郡縣其地，諸邦益震讋，來者日多。十年（一四一二）十一月，復命和等往使，至蘇門荅剌（Atcheh）。其前僞王子蘇幹剌（Sekandar）者，方謀弒主自立，怒和賜不及己，率兵邀擊官軍。和力戰，追擒之喃渤利（Lambri），並俘其妻子，以十三年（一四一五）七月還朝。帝大喜，賚諸將士有差。十四年（一四一六）冬，滿剌加（Malacca）古里（Calicut）等十九國咸遣使朝貢，辭還復命和等偕往，賜其君長。十七年（一四一九）七月還。十九年（一四二一）春復往，明年（一四二二）八月還。二十二年（一四二四）正月，舊港酋長施濟孫請襲宣慰使職，和齎敕印往賜之。比還而成祖已晏駕。洪熙元年（一四二五）二月，仁宗命和以下番諸軍守備南京。南京設守備，自和始也。宣德五年（一四三〇）六月，帝以踐阼歲久，而諸番國遠者猶未朝貢；於是和景弘復奉命歷忽魯謨斯（Ormuz）等十七國而還。和經事三朝，先後七奉使，所歷占城（Champa）爪哇（Java）眞臘（Cambodge）舊港（Palembang）暹羅（Siam）古里（Calicut）滿剌加（Malacca）渤泥（Bornéo）蘇門荅剌（Atcheh）阿魯（Aru）柯枝（Cochin）大葛蘭小葛蘭（Quilon）西洋瑣里（Chola）瑣里（Chola）加異勒（Cail）阿撥把丹南巫里（Lambri）甘把里（Koyampadi）錫蘭山（Ceylan）喃渤利（Lambri）彭亨（Pahang）急蘭丹（Kelantan）忽魯謨斯（Ormuz）比剌（Brawa?）溜山（Maldives）孫剌（Sunda?）木骨都束（Mogedoxu）麻林（Melinde）剌撒祖法兒（Djofar）沙里灣泥（Jurfattan?）竹步（Djobo）榜葛剌（Bengale）天方（La Mecque）黎代（Lidé）那孤兒（Battak）凡三十餘國。所取無名寶物不可勝計，而中國耗廢亦不貲。自宣德以還，遠方時有至者，要不如永樂時。而和亦老且死，自和後，凡將命海表者，莫不盛稱和以夸外番，故俗傳三保太監下西洋爲明初盛事云。

中華民國二十四年五月初版　大

（98218）

鄭和下西洋考　一册

Les grands voyages maritimes
Chinois au début du XVe siècle

每册定價大洋陸角伍分
外埠酌加運費匯費

原著者　Paul Pelliot

譯述者　馮承鈞

編輯者　中華教育文化基金董事會編譯委員會

發行人　王雲五
上海河南路

印刷所　商務印書館
上海河南路

發行所　商務印書館
上海及各埠

七三九上